Prisca Lessa Mendonça

Efésios para nós

Estudo Bíblico Indutivo

Copyright © 2023 por Prisca Lessa Mendonça
Todos os direitos reservados por Vida Melhor Editora LTDA.

As citações bíblicas são da *Almeida Revista e Atualizada* (ARA), a menos que seja especificada outra versão da Bíblia Sagrada.

Os pontos de vista desta obra são de responsabilidade de seus autores e colaboradores diretos, não refletindo necessariamente a posição da Thomas Nelson Brasil, da HarperCollins Christian Publishing ou de suas equipes editoriais.

Publisher	*Samuel Coto*
Editora	*Brunna Prado*
Assistente editorial	*Camila Reis*
Estagiária editorial	*Bruna Cavalieri*
Preparação	*Leonardo Dantas do Carmo*
Revisão	*Jaqueline Lopes e Daniela Vilarinho*
Diagramação	*Sonia Peticov*
Capa	*Luna Design*

Dados Internacionais de Catalogação na Publicação (CIP)
(BENITEZ Catalogação Ass. Editorial, MS, Brasil)

L631e   Lessa, Prisca

1.ed.   Efésios para nós / Prisca Lessa Mendonça. – 1. ed. – Rio de Janeiro: Thomas Nelson Brasil, 2023.
256 p.; 13,5 x 20,8 cm.

ISBN 978-65-56895-43-7

1. Bíblia – Estudo e ensino. 2. Bíblia. N. T. Efésios – Estudo. 3. Literatura devocional. 4. Mulheres – Aspectos religiosos – Cristianismo. 5. Teologia.

03-2023/22   CDD: 227.507

Índice para catálogo sistemático:
1. Efésios: Comentários   227.507

Bibliotecária responsável: Aline Graziele Benitez CRB-1/3129

Thomas Nelson Brasil é uma marca licenciada à Vida Melhor Editora LTDA.
Todos os direitos reservados à Vida Melhor Editora LTDA.
Rua da Quitanda, 86, sala 218 — Centro
Rio de Janeiro — RJ — CEP 20091-005
Tel.: (21) 3175-1030
www.thomasnelson.com.br

Ao meu marido, Luís, que me apoia e nutre diariamente. Ao meu pequeno Asaph, que ainda estava no meu ventre quando esbocei as primeiras linhas deste livro.

Introdução

Em meu ministério tenho defendido que as mulheres precisam de teologia — mais do que isso, as mulheres precisam de uma boa teologia. Eu sei que essa palavra "teologia" pode ser intimidadora para muitas, mas parto do princípio de que o cerne da teologia é o conhecimento de Deus, e não há como conhecer a Deus sem conhecer as Escrituras. Por isso, mais do que ler livros teológicos, o que as mulheres realmente precisam hoje é estudar a Bíblia, isso é fundamental para que possam conhecer a Deus, compreender o verdadeiro sentido das Escrituras e aplicar as suas verdades na vida prática. Além disso, esse conhecimento é fundamental para que não sejam levadas por falsos ensinamentos.

Não existe nada mais libertador do que conhecer a verdade de Deus. E poder fazer isso de modo pessoal, sem intermediação, é ainda melhor. Meu objetivo neste estudo é que você aprenda a olhar para o texto bíblico de modo que possa extrair dele o verdadeiro propósito para o qual foi escrito, aplicando de forma eficaz em sua própria vida.

Ainda me lembro, como se fosse hoje, de uma das minhas primeiras aulas no seminário de teologia. Era uma aula de interpretação bíblica, e estávamos lendo Salmos 1. Eu estava em um momento de profunda frieza espiritual e sentia que não estava progredindo em minha fé. O texto lido na aula foi o seguinte:

> Bem-aventurado o homem que não anda no conselho dos ímpios, não se detém no caminho dos pecadores, nem se assenta na roda dos escarnecedores. Antes, o seu prazer está na lei do Senhor, e na sua lei medita de dia e de noite. Ele é como árvore plantada junto a corrente de águas, que, no devido tempo, dá o seu fruto, e cuja folhagem não murcha; e tudo quanto ele faz será bem-sucedido. (Salmos 1:1)

Meu professor usou essa passagem para falar sobre a jornada do cristão. Nós, que estamos em Cristo, somos como árvores plantadas junto a corrente de águas. Recebemos do Senhor nutrição diária para permanecermos firmes e para frutificarmos no tempo oportuno. Mas, assim como uma árvore cresce primeiramente para baixo, criando raízes, nós, cristãos, também crescemos "para baixo" antes que os frutos sejam visíveis. E como é que as raízes crescem? Por meio da nutrição espiritual: oração, leitura diligente da Palavra, pregação e adoração. Cada um desses elementos coopera para que, no tempo certo, frutifiquemos.

Por vezes, a nossa vida espiritual pode parecer infrutífera. Não vemos os frutos, não estamos onde gostaríamos de estar. Se, porém, estamos em Cristo, estamos no lugar certo, e se formos fiéis, amando e meditando em sua lei, no tempo certo, os frutos virão.

Esse livro é minha humilde contribuição para que as mulheres possam se aprofundar no estudo das Escrituras. Produzir um estudo bíblico profundo para mulheres é algo que, certamente, eu não seria capaz de fazer sem a graça de Deus operando em mim. Esse material começou a ser produzido quando eu ainda estava grávida do meu filho e foi finalizado em seus primeiros meses de vida. Sou grata a Deus por ter me capacitado nesse processo.

Meu desejo é que esse livro seja uma bênção em sua jornada, que você seja uma árvore frutífera na presença do Senhor. Mas não somente isso. Desejo também que você possa instruir outras mulheres por meio dele. Então, não deixe que ele fique limitado a você. Movimente as mulheres de sua família, seu grupo de amigas e irmãs da igreja, para que possam realizar este estudo juntas. Com certeza, vocês crescerão juntas ao longo dessa jornada.

Que o Senhor fortaleça suas raízes e que dos seus frutos e de sua sombra muitos possam se beneficiar, para a glória de Deus.

Um abraço fraterno.

No Amor de Cristo,
Prisca Lessa Mendonça

Orientações gerais

Efésios para Nós é um Estudo Bíblico Indutivo que vai ajudá-la a compreender melhor a Palavra de Deus e como aplicá-la em sua vida. O Estudo Bíblico Indutivo começa com o próprio texto sagrado. Neste estudo, nosso objetivo primário é descobrir o que a Bíblia diz sobre si mesma. Para tanto, primeiramente estudaremos o livro de Efésios como um todo antes de fazermos um estudo minucioso, no qual veremos parte por parte, relacionando cada uma delas com o seu todo.

Se você ainda não está familiarizada com o Método de Estudo Bíblico Indutivo, não se preocupe, pois você encontrará uma breve introdução a esse método no Apêndice.

Este estudo foi estruturado para ser realizado individualmente ou em grupo. Por isso, nele você encontrará tanto orientações gerais quanto orientações para líderes de pequenos grupos. Conquanto eu acredite que você será edificada realizando o estudo de ambas as formas, gostaria de encorajá-la fortemente a formar um pequeno grupo com suas amigas ou mulheres de sua igreja para que possam estudar juntas. Como você verá ao longo dessa nossa jornada juntas, o livro de Efésios enfatiza bastante a questão da unidade espiritual do Corpo de Cristo e o relacionamento entre os seus membros. Portanto, creio que realizar este estudo em grupo será de grande proveito para você e outras mulheres em seu contexto local.

Após as orientações gerais, você encontrará o contexto geral do livro de Efésios, para que possa compreender o pano de fundo da carta, e um esboço, contendo a estrutura e os principais assuntos abordados na epístola.

Este estudo está dividido em três passos. São eles:

- Passo 1: Leitura completa do livro de Efésios;
- Passo 2: Questões introdutórias do livro de Efésios;
- Passo 3: Estudo aprofundado da mensagem de Efésios versículo a versículo.

Preparando-se para o estudo

Para realizar este estudo, você vai precisar de:

- Uma Bíblia
- Um caderno
- Uma caneta
- Alguns marcadores de texto ou qualquer outro material (lápis de cor ou giz de cera, por exemplo) que possa usar para fazer marcações ao longo do texto (opcional)

Alguns materiais que podem ser úteis:

- Bíblia de Estudo
- Dicionário bíblico (para pesquisar palavras, nomes e lugares desconhecidos)

Por onde começar

Ore

É importante que, ao lidarmos com a Palavra de Deus, façamos isso com humildade, e a oração é a forma mais humilde pela qual podemos nos achegar diante do Senhor, reconhecendo nossas próprias limitações e incapacidades e pedindo a Ele que fale conosco e nos ensine sua Palavra tal como Ele pretendeu que ela fosse compreendida.

Leia

Para que você possa fazer este estudo da melhor forma possível, é importante que você leia bastante.

1. Leia o passo a passo do estudo;
2. Leia estas orientações gerais;
3. Leia como fazer o Estudo Bíblico Indutivo;
4. Leia o texto bíblico (quantas vezes forem necessárias);
5. Leia as perguntas do *Guia de estudo*.

Ao iniciar cada estudo, leia e releia a passagem bíblica citada. Isso a ajudará a se familiarizar com ela.

❖ Escreva

A escrita é uma excelente forma de aprendizado e fixação, então, escreva o máximo que puder. Neste estudo, você terá um bom espaço para escrever, mas não se limite a ele. Se necessário, use um caderno à parte para anotar suas percepções do texto, resumir suas ideias e registrar aplicações pessoais. Isso auxiliará você a expressar com clareza sua compreensão da passagem.

❖ Reflita

A reflexão é um passo importante do estudo bíblico. Nosso objetivo não é apenas obter conhecimento, mas refletir a respeito do significado. A reflexão nos levará à aplicação.

Perceba que no *Guia de estudo* há um espaço contendo questões de aplicação pessoal. Não se limite, contudo, a essas questões. Conforme o Espírito direcionar, fique livre para fazer suas próprias aplicações do texto.

❖ Compartilhe

Quero encorajá-la a compartilhar com outras pessoas aquilo que você aprenderá neste estudo. Além de edificá-las, isso ajudará você a refletir mais e melhor sobre essas verdades.

❖ Ensine

Sim! Este estudo não é apenas para que você faça sozinha, mas para que você possa ensiná-lo. Que alegria será saber que mulheres estão se levantando para ensinar a Palavra de Deus umas às outras!

E se você se sente chamada a isso, mas não sabe ao certo como começar, as orientações a seguir vão auxiliá-la.

Orientações para líderes de pequenos grupos

Antes de mais nada, preciso dizer que você não precisa ser uma especialista da Bíblia para liderar um pequeno grupo. Lembro-me de quando liderei um pequeno grupo pela primeira vez. Eu me sentia totalmente incapaz de fazer isso e, de fato, eu era mesmo, mas o Senhor me capacitou para realizar o trabalho que Ele havia colocado diante de mim. Estou certa de que Ele fará o mesmo por você.

Como líder, é importante que você se prepare para o estudo. Para isso, aqui vão alguns conselhos para facilitar a dinâmica de grupo.

Primeiramente, se você pretende fazer este estudo com as mulheres da sua igreja local, seja presencialmente ou *on-line*, é importante que, antes, converse com seu pastor e lhe apresente a ideia. Essa é uma forma de exercer respeito e submissão à sua liderança.

Familiarize-se com o estudo. Você precisa estudar (bem) antes de ensinar. Separe, pelo menos, um dia da semana para que você possa se preparar. Leia e estude o texto bíblico, faça suas anotações pessoais e leia e responda às perguntas do *Guia de estudo*.

Ore pelas participantes e pelo encontro. Como líder, é importante que você ore pelas participantes. Quando nos colocamos diante da Palavra, ela revela o nosso coração, então, certamente, pecados serão tocados e emoções, reveladas, e é importante que você esteja sensível ao direcionamento do Espírito. Por isso, a oração é fundamental.

Enfatize a importância do sigilo. Pode ser que, ao longo do estudo, irmãs se sintam movidas a abrir seus corações, confessar pecados e compartilhar lutas. Para que isso aconteça, porém, é importante que haja um ambiente seguro para elas. Sendo assim, é fundamental que se enfatize a importância do sigilo para que não haja fofocas.

1. No início da primeira reunião do grupo, explique que os estudos se propõem a ser discussões, não palestras. Dessa forma, como líder, você deve incentivá-las a participarem ativamente, mas tome o cuidado de não pressionar nem constranger ninguém a falar. Considere ler as orientações a seguir no primeiro encontro, como um compromisso entre as participantes do grupo:

   - Faremos do grupo um lugar seguro, mantendo em segredo o que for dito sobre assuntos pessoais.
   - Daremos tempo para que cada pessoa fale como quiser.

- Ouviremos com atenção umas às outras.
- Falaremos sobre nós mesmas e nossa própria situação, evitando conversas sobre os outros.
- Teremos cuidado no sentido de dar conselhos umas às outras.

2. Certifique-se de que todas as participantes do grupo têm uma cópia do estudo. Incentive-as a se prepararem previamente para cada encontro lendo a passagem que será estudada.

3. Comece pontualmente cada estudo. Inicie com uma oração pedindo a Deus que as ajude a entender e aplicar cada passagem.

4. Peça a uma das participantes para ler em voz alta a passagem bíblica que será estudada. Essa é uma forma de gerar envolvimento. As perguntas do *Guia de estudo* também deverão ser lidas em voz alta, ou você pode expressá-las com suas próprias palavras.

5. O propósito do *Guia de estudo* é direcionar, não limitar. Então, se achar pertinente adaptar algumas perguntas, sinta-se livre para isso. Mas tenha cuidado para que o foco do estudo não seja perdido.

6. Evite responder às suas próprias perguntas. O líder não deve ser a pessoa que mais fala no grupo. Dê oportunidade para que todas possam responder.

7. Não tenha medo do silêncio como respostas às perguntas do estudo. É possível que em alguns momentos as participantes precisem de mais tempo para pensarem na pergunta e formular suas respostas.

8. Não se contente com apenas uma resposta. Procure sempre perguntar "O que as demais pensam?" ou "Mais alguma coisa?", até que mais pessoas tenham respondido à pergunta.

9. Nunca rejeite uma resposta. Se ela fugir claramente do tema, pergunte "Que versículo levou você a essa conclusão?" ou, mais uma vez, "O que as demais pensam?", sempre de forma respeitosa e evitando constrangimentos.

10. Não tenha medo de controvérsias. Elas podem ser estimulantes. Se você não conseguir resolver totalmente uma questão, não fique frustrada. Explique que o grupo seguirá em frente e que Deus pode iluminar todas vocês nos próximos encontros.

11. Caso surja alguma pergunta que você não saiba a resposta, não se preocupe. Seja honesta. Diga que não tem a resposta, mas que se empenhará em pesquisar para responder no próximo encontro. Se necessário, leve a questão a seu pastor.

12. Ao final de cada encontro, tente resumir as principais ideias apresentadas. Isso ajuda a dar maior clareza acerca do assunto estudado e dá continuidade ao estudo. Tome cuidado, contudo, para não fazer desse momento uma pregação.

13. Encerre a reunião com oração, pedindo a Deus que as ajude a continuar com as aplicações com as quais vocês se identificaram ao longo do estudo.

14. Cumpra o horário e encerre pontualmente.[1]

Caso os encontros sejam presenciais, considere combinar com todas as participantes um momento de lanche; é sempre uma boa oportunidade de aproximar o grupo e promover comunhão.

---

[1] As orientações desta seção foram baseadas no livro: *Lendo Efésios com John Stott*.

Contexto geral

Antes de entrarmos na Epístola aos Efésios, propriamente, precisamos conhecer o cenário no qual ela está inserida e outras informações importantes que nos ajudarão a compreender melhor a epístola.

UMA CARTA CIRCULAR

A Epístola aos Efésios tem sido considerada uma carta circular e não uma carta dirigida particularmente à igreja de Éfeso. Dentre as razões para isso estão o fato de que os manuscritos mais antigos da Bíblia não incluem o nome Éfeso,[1] e considerando o estilo geral da carta, que não contém nenhuma referência a pessoas da comunidade de Éfeso ou questões locais, como geralmente ocorre nas epístolas paulinas. É possível que tenha sido uma epístola circular, para todas as igrejas da Ásia Menor, Éfeso, Colossos, Laodiceia e Hierápolis, com cuja fé Paulo se preocupa.

---

[1] Os manuscritos mais antigos da Bíblia não trazem no destinatário da epístola "em Éfeso" (veja 1:1), em vez disso, apenas a frase "Aos santos que são também fiéis em Cristo Jesus".

Vale ressaltar que tal fato não ofusca em nada a relevância da mensagem dessa epístola que, por não conter controvérsias e questões locais a serem resolvidas, nos proporciona uma compreensão única da teologia do apóstolo Paulo.

CARTAS GÊMEAS

É possível que você já tenha notado que existem várias semelhanças entre a Epístola aos Efésios e a Epístola aos Colossenses (caso não tenha notado, aconselho a fazer uma leitura paralela das duas). Elas foram escritas por Paulo no mesmo local e no mesmo período e foram entregues às igrejas pelo mesmo portador — Tíquico, mencionado tanto em Efésios 6:21 quanto em Colossenses 4:7. Possivelmente, Paulo escreveu Efésios logo depois de terminar Colossenses, enquanto estava em sua primeira prisão em Roma, entre os anos 63–61 a.C., onde ficou por dois anos, numa casa alugada, sob custódia do imperador. Nesse período, Paulo era vigiado, dia e noite, pela guarda pretoriana, a guarda de elite do palácio imperial, que era composta de 16 mil soldados. Apesar disso, em nenhum momento Paulo se considerou cativo de César, em vez disso, ele se intitulou como prisioneiro de Cristo (3:1), prisioneiro no Senhor (4:1) e embaixador em cadeias (6:20),[1] demonstrando ter plena consciência do divino propósito em seu encarceramento.

O contexto dos destinatários

Como já foi dito, a Epístola aos Efésios não foi escrita a uma igreja em particular, mas a um conjunto de igrejas na província da Ásia. As igrejas da Ásia Menor estavam passando por um período de dificuldade, devido às influências externas que colocavam pressão sob os cristãos gentios, a fim de que adotassem práticas judaicas, como a circuncisão, o calendário religioso, as práticas alimentares, entre outros aspectos, para legitimar uma identidade judaica.

Além disso, outros cristãos estavam se sentindo desanimados e angustiados diante da batalha espiritual contra os poderes demoníacos ("forças espirituais do mal nas regiões celestiais") aos quais haviam servido outrora. Diante disso, Paulo se vê impelido a apresentar

---

[1] LOPES, Hernandes Dias. *Efésios: Igreja, a Noiva Gloriosa de Cristo*. *1. ed. Comentários expositivos Hagnos*. São Paulo: Hagnos, 2010. p. 10.

para essas igrejas a dimensão da obra e do poder de Cristo para com a sua Igreja, da qual fazem parte tanto judeus quanto gentios.

Propósito

Conforme 1:5, o primeiro propósito de Paulo ao escrever essa epístola foi expressar aos destinatários sua profunda satisfação por sua fé centrada em Cristo e por seu amor para com todos os santos.

O segundo propósito, intimamente ligado ao primeiro, foi o de descrever a gloriosa graça redentora de Deus para com a igreja. Essa graça foi derramada sobre ela para que pudesse ser uma bênção no mundo, permanecendo unida, com todos os seus membros mutuamente edificados, e vitoriosa contra todas as forças malignas, a fim de glorificar o seu redentor.

Paulo deixa claro que as bênçãos derramadas sobre a gloriosa igreja foram concedidas unicamente por causa do gracioso plano eterno de Deus, "em Cristo".

Tema principal

O tema central da epístola é "A igreja gloriosa", a unidade de todos os crentes em Cristo. Ao longo de toda a epístola, os termos "unidade" e "em Cristo" se desenvolvem; além disso, uma das palavras-chaves em Efésios é "mistério", termo que está intimamente ligado à obra de Cristo em favor da sua igreja. Como salienta o teólogo William Hendriksen, o termo igreja amplamente usado por Paulo (Efésios 1:22-23; 4:4,16; 5:23,30), indica corpo, o *edifício* (2:19-22) e a *esposa* (5:25-27,32) de Cristo; se referindo à totalidade daqueles que foram salvos por meio do sangue de Cristo, sejam judeus ou gentios.[1]

Verdades centrais:

- Cristo é o verdadeiro fundamento da igreja (1:3ss).
- Cristo controla o universo inteiro a fim de cumprir seu propósito para com a igreja (1:20-22).
- Judeus e gentios estão incluídos no propósito da redenção (2:14-18).
- A salvação é um processo que não termina quando os homens se convertem, o alvo final dos cristãos é alcançar "a medida da estatura da plenitude de Cristo" (4:13), o que só será possível por meio da unidade em Cristo (4:1-16).
- A plenitude espiritual se dá por meio do conhecimento do amor de Cristo, que excede todo o entendimento (3:19).
- Todo aquele que é membro da família de Deus deve manifestar sua renovação espiritual (5:22-6:9).

---

[1] HENDRIKSEN, William. *Efésios e Filipenses — Comentário do Novo Testamento*. 3. ed. Edição: Cláudio Antônio Batista Marra. Tradução: Valter Graciano Martins. São Paulo: Editora Cultura Cristã, 1992, p. 77.

Esboço de Efésios

1. Saudação (1:1,2)
2. Louvor a deus pelas bênçãos em Cristo (1:3–14)
   A. Eleitos pelo Pai (1:3–6)
   B. Redimidos pelo Filho (1:7–10)
   C. Selados pelo Espírito (1:11–14)
3. Oração em favor da Igreja (1:15–23)
4. Nossa posição em Cristo (2:1–3:13)
   A. Reconciliados com Deus e sentados com Cristo (2:1–10)
   B. Reconciliados com o povo de Deus e crescendo no edifício de Deus (2:11–22)
   C. Recebedores e reveladores do mistério de Deus (3:1–13)
5. Oração em favor da Igreja e doxologia (3:14–21)
6. Nosso andar em Cristo: em direção à unidade e à pureza (4:1–6:9)
   A. Unidade e diversidade (4:1–16)
   B. Uma nova mentalidade (4:17–24)

- C. Um novo andar: em unidade, amor, pureza, luz e sabedoria (4:25–5:17)
- D. O enchimento do Espírito (5:18–6:9)
    1. Em adoração e submissão mútua (5:18–21)
    2. Submissão mútua em relacionamentos específicos (5:22–6:9)
        a. Maridos e mulheres (5:22–33)
        b. Pais e filhos (6:1–4)
        c. Senhores e escravos (6:5–9)

7. **Nossa atitude contra as forças espirituais das trevas (6:10–20)**
    A. Chamado à luta contra nosso verdadeiro inimigo (6:10–12)
    B. Nossa armadura, arsenal e estratégia (6:13–20)

8. **Saudações finais (6:21–24)**

Leitura e interpretação

Doxologia trinitária

Logo após a saudação (1:1,2), Paulo traz uma longa doxologia, louvando a Deus em virtude das bênçãos espirituais recebidas em Cristo "nas regiões celestiais" (1:3–14). A doxologia apresentada por Paulo mostra o papel desempenhado pelas três pessoas da Trindade na salvação:

- O Pai *escolhe* os crentes (doutrina da eleição; 1:4).
- O Filho os *redime* (1:7).
- O Espírito os *sela*, isto é, garante que a salvação recebida se completará com a volta de Cristo (1:13,14).

Graça imerecida

Após a doxologia, vêm as ações de graça, incluindo uma oração para que os crentes possam compreender e apreciar a imensidão da graça e da sabedoria divinas (1:15–23).

Com o objetivo de ajudar os seus leitores a valorizarem a magnitude da graça de Deus, Paulo faz um contraste entre o domínio que o pecado exercia sobre eles, antes da conversão, e a libertação de tal tirania após a conversão. Ele também enfatiza que a salvação é algo totalmente imerecido, fruto da graça divina, mediante a fé, e independe das boas obras. As boas obras são uma consequência, mas não o meio, da salvação.

União em Cristo

Por meio da redenção efetuada por Cristo, gentios e judeus são unidos em um só Corpo. Não existe mais divisão nem hostilidade entre esses dois grupos, que, agora, por meio da adoção, são parte da família de Deus.

A partir dessa perspectiva, então, começam as exortações práticas proferidas por Paulo. Ele faz um apelo em prol da unidade externa alicerçada na união espiritual já existente na Igreja. O grande ponto de destaque aqui, porém, é que, na prática, essa unidade inclui certa diversidade de funções, que visam o crescimento do corpo.

Vida em santidade

Uma vez unidos a Cristo e em Cristo, Paulo apresenta instruções diversas sobre a santificação, como os crentes deveriam se portar, especialmente uns com os outros:

- Falem sempre a verdade.
- Mostrem-se justamente indignados quando isso for necessário, mas não permitam o pecado pelo descontrole da ira.

- Não furtem.
- Evitem linguagem obscena e humor malicioso.

VIDA NO ESPÍRITO

A exortação de Paulo para que os crentes se encham do Espírito Santo é precedida e seguida de orientações gerais quanto à embriaguez, à prática de cânticos jubilosos, à edificação e à submissão mútua. Em seguida, ele traz orientações particulares direcionadas a maridos, esposas, pais, filhos, servos e senhores, sobre como eles deveriam viver essa nova vida no Espírito, dando especial atenção a como o casamento manifesta a união entre Cristo e sua Igreja.

BATALHA ESPIRITUAL

Já na parte final da epístola, Paulo exorta seus leitores a se revestirem da armadura de Deus para combaterem as forças do mal que dominam o mundo. Essa armadura é composta por vários elementos, e Paulo parece ter usado a visão de um soldado de infantaria romano para formular a ideia de "toda a armadura de Deus". A ideia transmitida pelo apóstolo é a de que os cristãos devem resistir ao poder das trevas. Essa resistência só é possível porque Cristo executou nossa vitória em sua morte e ressurreição.

Caminhando por EFÉSIOS

Passo 1

Vamos ler todo o livro de Efésios. Nosso objetivo aqui é ter uma visão geral dele antes de estudá-lo versículo por versículo.

Leia a epístola inteira; preferencialmente, um capítulo por dia. Ao longo da leitura, procure pelas palavras-chave usadas no livro. Palavra-chave é aquela palavra usada com frequência pelo autor e que identifica ideias e temas importantes. Se removida do texto, o sentido dele é alterado. À medida que encontrar essas palavras-chave, marque-as com uma cor distinta ou desenhando um símbolo sobre ela. Para isso, use as *folhas de observação* em cada capítulo — estas folhas nada mais são do que a transcrição do texto bíblico com espaço maior entre as linhas para que você possa fazer seus grifos, destaques e anotações.

Enquanto lê, tenha em mente o contexto e a estrutura de Efésios, apresentados nas páginas anteriores. Isso lhe ajudará a compreender melhor o todo da carta.

Quando completar a leitura do livro, prossiga para o *Passo 2*.

Passo 2

Agora, daremos o segundo passo para termos uma visão mais ampla do livro de Efésios. Uma vez feita a primeira leitura, é hora de responder às *Questões introdutórias*.

Questões introdutórias

Gênero literário

Antes de começarmos, precisamos saber qual é o gênero literário de Efésios. A Bíblia possui vários gêneros. É necessário conhecê-los, pois cada um deles aponta características importantes de cada texto. Por exemplo: não podemos interpretar parábolas em um sentido literal, não podemos interpretar epístolas sem considerar seu remetente e seu destinatário, ou interpretar o livro de Apocalipse sem considerar o gênero literário apocalíptico.

- De acordo com a sua leitura do livro de Efésios, qual é o gênero literário em que ele se encaixa? Livro histórico? Profético? Carta? Quais elementos que o caracterizam dessa forma?

_____
_____
_____
_____
_____
_____

Autoria

Agora, vamos olhar para as informações que o livro traz sobre o autor usando as perguntas básicas: *quem/qual, quando, como, onde e por que.*

- Quem é o autor dessa epístola? Como ele se apresenta? O que é possível saber sobre ele a partir do livro de Efésios? Onde e como ele estava ao escrever esse livro? Quando ele escreveu? Anote a seguir todas as informações básicas que aprendeu sobre o autor a partir do texto. Observe o uso dos pronomes utilizados por ele (eu, mim, me, nós, nosso etc.).

Destinatários

Agora vamos procurar informações sobre os destinatários. Os destinatários são o público original, isto é, aqueles a quem o autor escreveu. Esse é um aspecto importante, pois precisamos ter sempre em mente que, embora a Bíblia seja a Palavra de Deus destinada a todos os cristãos de todas as épocas, cada autor que escreveu fez isso tendo em mente um público-alvo, e isso influencia muito na interpretação do texto. Não podemos simplesmente olhar para o texto como se ele estivesse falando diretamente para nós, ignorando os destinatários originais, pois perderíamos o significado primário do texto.

- Quem são os destinatários da epístola? Como eles são descritos? Anote a seguir as informações que você sabe sobre o destinatário.

_____
_____
_____
_____
_____
_____
_____

Data e ocasião

Aqui veremos o contexto histórico por trás do texto. Quando ele foi escrito? O que estava acontecendo quando foi escrito? Essas informações nem sempre se encontram claramente nos escritos bíblicos. Por isso, muitas vezes, é necessário fazer uma breve pesquisa para se ter esse pano de fundo.

- Quando (tempo) e em que ocasião (local e situação do autor e/ou destinatários) a Epístola aos Efésios foi escrita? É possível obter essa informação a partir do texto? Se não, pesquise em uma Bíblia de Estudo ou em um *site* confiável.

_____
_____
_____
_____
_____
_____

Tema

O tema diz respeito ao assunto ou assuntos abordados no texto. É importante que você tenha concluído a leitura pelo menos uma vez para poder perceber a temática.

- Quais assuntos são tratados na epístola? As palavras-chave vão lhe dar uma pista. Repare também nas frases repetidas, pois elas indicam as ideias principais do texto.
- Quais os principais temas presentes na epístola? Preencha os quadros a seguir com os *temas dos capítulos*:

Capítulo 1

Capítulo 2

Capítulo 3

Capítulo 4

Capítulo 5

_____
_____
_____
_____
_____

Capítulo 6

_____
_____
_____
_____
_____

Propósito

Aqui veremos quais foram as razões que levaram o autor a escrever a epístola. Muitas vezes o autor declara o seu propósito ao escrever o livro. Quando o propósito não está claramente declarado, então, ele precisa ser identificado por meio de um cuidadoso exame do tema principal do livro. Para identificar o propósito, tenha em mente que tudo o que o autor faz no livro gira em torno do motivo (propósito) que o levou a escrevê-lo. Ao identificar o propósito, tornamo-nos aptos a entender a mensagem do livro.

- Por que a epístola foi escrita? À luz da mensagem dela, o que o autor pretendia comunicar? Responda com sua percepção pessoal antes de checar em um comentário ou em uma Bíblia de Estudo.

Passo 3

A partir daqui, vamos observar capítulo por capítulo de Efésios. Para isso, você contará com a *folha de observação* de cada capítulo. Em cada uma dessas folhas você terá um espaço para escrever qual o tema da perícope que será estudada. Esse tema é você quem dará, de acordo com a sua percepção do texto.

O que é perícope?

Perícope é o nome dado a um conjunto de versículos que formam uma unidade ou pensamento coerente. Geralmente, as Bíblias já vêm com as perícopes delimitadas por títulos e subtítulos, que vêm no início e ao longo dos capítulos. Vale salientar que nem sempre as perícopes trazem uma divisão fidedigna do texto, respeitando sua unidade de pensamento. É importante lembrarmos também que os títulos e subtítulos não são inspirados, pois não fazem parte dos textos originais. Eles foram adicionados posteriormente para, de alguma forma, facilitar nossa compreensão bíblica. Não devemos, contudo, nos apegar estritamente a eles.

Dica: uma das palavras-chave em Efésios é *mistério*, que aparece seis vezes ao longo da epístola. Destaque-a todas as vezes que aparecer e atente ao sentido e ao contexto em que ela está sendo empregada.

Ao ler cada capítulo, observe:

- Menções a Deus — Pai, Filho e Espírito Santo
- Repetições de palavras e frases
- Tema principal
- Listas e sequências
- Contrastes
- Comparações
- Termos de conclusão (por exemplo: *portanto, finalmente, por esta razão*)
- Expressões de tempo

Destaque essas informações sempre que surgirem no texto bíblico. Além disso, examine o texto usando as *perguntas investigativas:*

- Quem?
- O quê?
- Quando?
- Como?
- Onde?
- Por quê?

Essas observações são parte do Método de Estudo Bíblico Indutivo. Acesse o *Apêndice* para compreender o passo a passo.

Efésios 1

TEMA do capítulo:

PRINCIPAIS ASSUNTOS tratados no capítulo:

RESUMO do capítulo:

Versículo para **MEMORIZAR**:
 Efésios 1:3–4

Dia 1

Texto: Efésios 1:1–14

Tema da perícope:

___

¹ Paulo, apóstolo de Cristo Jesus por vontade de Deus, aos santos que vivem em Éfeso e fiéis em Cristo Jesus,

² graça a vós outros e paz, da parte de Deus, nosso Pai, e do Senhor Jesus Cristo.

³ Bendito o Deus e Pai de nosso Senhor Jesus Cristo, que nos tem abençoado com toda sorte de bênção espiritual nas regiões celestiais em Cristo,

⁴ assim como nos escolheu, nele, antes da fundação do mundo, para sermos santos e irrepreensíveis perante ele; e em amor

⁵ nos predestinou para ele, para a adoção de filhos, por meio de Jesus Cristo, segundo o beneplácito de sua vontade,

⁶ para louvor da glória de sua graça, que ele nos concedeu gratuitamente no Amado,

⁷ no qual temos a redenção, pelo seu sangue, a remissão dos pecados, segundo a riqueza da sua graça,

⁸ que Deus derramou abundantemente sobre nós em toda a sabedoria e prudência,

⁹ desvendando-nos o mistério da sua vontade, segundo o seu beneplácito que propusera em Cristo,

¹⁰ de fazer convergir nele, na dispensação da plenitude dos tempos, todas as coisas, tanto as do céu como as da terra;

¹¹ nele, digo, no qual fomos também feitos herança, predestinados segundo o propósito daquele que faz todas as coisas conforme o conselho da sua vontade,

¹² a fim de sermos para louvor da sua glória, nós, os que de antemão esperamos em Cristo;

¹³ em quem também vós, depois que ouvistes a palavra da verdade, o evangelho da vossa salvação, tendo nele também crido, fostes selados com o Santo Espírito da promessa;

¹⁴ o qual é o penhor da nossa herança, até ao resgate da sua propriedade, em louvor da sua glória.

GUIA DE ESTUDO

Entendendo o texto

1. No versículo 1, Paulo se apresenta como "apóstolo de Cristo Jesus por vontade de Deus". Sabemos que esse foi o título concedido por Jesus aos seus doze discípulos. Paulo, todavia, não foi um dos doze. Então, por que ele se apresenta assim? Qual é a importância dessa apresentação e o que ela expressa acerca do seu chamado e relacionamento com Cristo? (Veja Gálatas 1:1,10–17.)

_____
_____
_____
_____
_____
_____

2. Como o apóstolo Paulo descreve os cristãos a quem a epístola foi destinada? Por que Paulo os chama assim? (Responda à luz dos próximos versículos do capítulo 1.)

_____
_____
_____

3. É muito comum usarmos a expressão "graça e paz" para saudarmos uns aos outros. Qual é o significado dessa expressão? Considere a nossa condição anterior e reflita a partir da obra de Deus descrita pelo apóstolo Paulo em Efésios 1:3–14. Conforme o versículo 2, qual é a origem dessa graça e paz a que os cristãos têm acesso?

4. Resuma com suas próprias palavras a ideia apresentada pelo apóstolo Paulo nesta primeira perícope de Efésios.

5. Segundo o versículo 7, quais são as bênçãos que nós obtemos por meio do sangue de Cristo?

_____
_____
_____
_____

6. Qual é o significado da palavra "beneplácito"? Releia o versículo 9 e escreva com suas próprias palavras qual é o sentido dessa expressão dentro do versículo.

_____
_____
_____
_____
_____
_____

7. O que é a plenitude dos tempos? Qual é a sua importância na obra redentora que Deus planejou antes da fundação do mundo?

_____
_____
_____
_____

8. Releia os versículos 3 e 4. Você compreende que Deus efetuou a nossa redenção antes mesmo de criar o mundo? Em algum momento da vida, você acreditou que a salvação fosse um "plano B" de Deus diante da Queda? Se sim, como essa passagem confronta essa crença?

_____
_____
_____
_____
_____
_____
_____
_____
_____
_____

9. Repare a sequência do versículo 13: "Tendo *ouvido, crido, fostes selados.*"

Leia Romanos 1:16 e 10:13–15 e responda por que o evangelho é importante para que essas três ações ocorram. Nos dias de hoje, é comum ouvir pessoas falando que se converteram movidas por um sentimento, mas, à luz dessas duas passagens de Romanos, é possível haver conversão sem que haja pregação?

10. Pesquise o significado da palavra "penhor". Conforme os versículos 13 e 14, qual é o papel desempenhado pelo Espírito Santo na nossa redenção?

11. Com suas próprias palavras, faça um resumo da perícope estudada.

Colocando em prática

1. O texto lido enfatiza a supremacia de Deus, que predestinou todas as coisas segundo sua vontade e faz com que nossas vidas cumpram o propósito que Ele designou para cada um de nós. Diante disso, qual é o principal fim de nossas vidas (versículos 6, 12 e 14)? Você tem vivido para esse fim?

2. A mensagem que o mundo apresenta para nós é de que precisamos encontrar o nosso propósito aqui.

Esse propósito "naturalmente" está relacionado à nossa felicidade e realização pessoal. Por outro lado, a Bíblia aponta para um propósito diferente (versículo 4). Qual desses propósitos tem orientado a sua vida? De que forma isso acontece?

_____
_____
_____
_____
_____
_____
_____
_____

3. À luz da passagem estudada, escreva:

   a) Qual obra o Senhor realizou em sua vida por meio de Cristo Jesus?

   _____
   _____
   _____
   _____
   _____

   b) Como você deve honrá-lo por isso?

   _____
   _____

c) Qual é a sua condição espiritual hoje diante de Deus?

d) Você tem vivido de acordo com essa nova condição? O que precisa fazer de modo prático para que isso ocorra?

Dia 2

Texto: Efésios 1:15–23

Tema da perícope:

_____

¹⁵ Por isso, também eu, tendo ouvido a fé que há entre vós no Senhor Jesus e o amor para com todos os santos,

¹⁶ não cesso de dar graças por vós, fazendo menção de vós nas minhas orações,

¹⁷ para que o Deus de nosso Senhor Jesus Cristo, o Pai da glória, vos conceda espírito de sabedoria e de revelação no pleno conhecimento dele,

¹⁸ iluminados os olhos do vosso coração, para saberdes qual é a esperança do seu chamamento, qual a riqueza da glória da sua herança nos santos

¹⁹ e qual a suprema grandeza do seu poder para com os que cremos, segundo a eficácia da força do seu poder;

²⁰ o qual exerceu ele em Cristo, ressuscitando-o dentre os mortos e fazendo-o sentar à sua direita nos lugares celestiais,

²¹ acima de todo principado, e potestade, e poder, e domínio, e de todo nome que se possa referir não só no presente século, mas também no vindouro.

²² E pôs todas as coisas debaixo dos pés e, para ser o cabeça sobre todas as coisas, o deu à igreja,
²³ a qual é o seu corpo, a plenitude daquele que a tudo enche em todas as coisas.

GUIA DE ESTUDO

Entendendo o texto

1. Segundo o versículo 15, quais evidências da fé dos efésios levaram Paulo a dar graças a Deus pela conversão deles?

2. Por que Paulo dá graças a Deus pela fé dos efésios? (Veja a perícope anterior e Efésios 2:8.)

3. Conforme os versículos 17 e 18, quais são os pedidos de oração de Paulo pelos efésios?

4. Paulo ora para que os irmãos compreendam a grandiosa herança que receberam em Cristo Jesus. No que consiste essa herança?

_____
_____
_____
_____
_____
_____
_____

5. Segundo esta perícope, o que Deus Pai realizou por meio do Filho?

_____
_____
_____
_____
_____
_____
_____

6. Releia os versículos 20 e 23. O que aconteceu com Jesus após ressuscitar dos mortos? Qual é a condição dele hoje?

_____
_____

7. Com suas próprias palavras, faça um resumo da perícope.

Colocando em prática

1. Você consegue identificar evidências de uma conversão genuína em sua vida? As pessoas que convivem com você também conseguem? Que tal perguntar a uma delas quais frutos de uma genuína conversão elas enxergam em você?

2. Quando você intercede por outros cristãos, costuma orar em favor da fé deles e do seu crescimento espiritual — tal como o apóstolo Paulo orou pelos efésios? Muitas vezes não sabemos pelo que interceder em favor de nossos irmãos, a oração de Paulo pelos cristãos de Éfeso é um ótimo modelo a ser seguido. Que tal praticá-la? Reescreva-a a seguir, na primeira pessoa, orando em seu próprio favor, e pratique usá-la para interceder em favor de outros irmãos.

3. Qual é a relação entre a nossa adoção realizada por meio de Cristo (Efésios 1:5) e a herança à qual temos acesso nele? Você já parou para refletir sobre a grandiosa herança que nós herdamos por meio da obra de Cristo (versículo 18b)? Você tem vivido como herdeira de uma grande herança ou como alguém que desconhece as bênçãos que recebeu?

4. De modo geral, as pessoas buscam preencher o vazio de seus corações com relacionamentos, diversão, comida, sexo, dinheiro, consumismo. Elas acreditam que, até que obtenham determinada coisa, não serão plenamente felizes. Você já se sentiu ou tem se sentido vazia por alguma razão? O que falta em sua vida (seja algo ou alguém) que faz você acreditar que ela só será preenchida quando obtiver essa determinada coisa ou pessoa? O versículo 23 diz que Cristo é aquele "que a tudo enche em todas as coisas". Com o que você tem buscado preencher esse vazio? Você crê que, ainda que não receba aquilo que lhe faz falta hoje, Cristo é suficiente para encher você de forma plena?

Efésios 2

TEMA do capítulo:

PRINCIPAIS ASSUNTOS tratados no capítulo:

RESUMO do capítulo:

Versículo para **MEMORIZAR**:

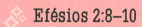 **Efésios 2:8–10**

Dia 3

Texto: Efésios 2:1–10

Tema da perícope:

_____

¹ Ele vos deu vida, estando vós mortos nos vossos delitos e pecados,

² nos quais andastes outrora, segundo o curso deste mundo, segundo o príncipe da potestade do ar,

⁴ do espírito que agora atua nos filhos da desobediência;

³ entre os quais também todos nós andamos outrora, segundo as inclinações da nossa carne, fazendo a vontade da carne e dos pensamentos; e éramos, por natureza, filhos da ira, como também os demais.

⁴ Mas Deus, sendo rico em misericórdia, por causa do grande amor com que nos amou,

⁵ e estando nós mortos em nossos delitos, nos deu vida juntamente com Cristo, — pela graça sois salvos,

⁶ e, juntamente com ele, nos ressuscitou, e nos fez assentar nos lugares celestiais em Cristo Jesus;

⁷ para mostrar, nos séculos vindouros, a suprema riqueza da sua graça, em bondade para conosco, em Cristo Jesus.

⁸ Porque pela graça sois salvos, mediante a fé; e isto não vem de vós; é dom de Deus;

⁹ não de obras, para que ninguém se glorie.

¹⁰ Pois somos feitura dele, criados em Cristo Jesus para boas obras, as quais Deus de antemão preparou para que andássemos nelas.

GUIA DE ESTUDO

Entendendo o texto

1. Qual era a condição dos efésios antes de serem salvos por Cristo? Como eles agiam e a quem estavam sujeitos? (versículos 1–3)

2. Segundo os versículos 1–3, por que Paulo afirma que eles eram, por natureza, filhos da ira? O que essa expressão significa?

3. De acordo com Paulo, existe um paralelismo entre andar segundo o curso deste mundo, andar segundo as inclinações da nossa carne e fazer a vontade da nossa carne e dos nossos pensamentos. Todas essas expressões apontam para o mesmo sentido. Qual é a relação entre elas e o sentido para o qual elas apontam?

_____
_____
_____
_____
_____
_____
_____
_____

4. Conforme o versículo 7, qual é a finalidade da nossa salvação?

_____
_____
_____
_____
_____

5. De acordo com os versículos 8–10, o que o apóstolo Paulo quer dizer ao afirmar aos efésios "pela graça sois salvos"?

6. Com suas próprias palavras, faça um resumo da perícope.

Colocando em prática

1. Qual era o seu proceder antes de conhecer Cristo?

2. Segundo o apóstolo Paulo, Deus nos deu vida quando ainda estávamos mortos em delitos e pecados (veja Ezequiel 37:1–14). Há pessoas que acreditam que foram salvas porque escolheram Jesus. À luz do texto, você acha que o homem sem Deus teria alguma condição de escolher ser salvo (versículo 5)? Por quê?

3. Segundo o texto, nossa condição anterior à salvação era deplorável: éramos desobedientes, escravos, entregues aos nossos próprios desejos e aos prazeres da carne. Obviamente, não havia nada em nós que pudesse motivar Deus a nos salvar. Sendo assim, tal motivação teria que vir de algo externo a nós. Conforme os versículos 4, 8 e 9, qual foi a motivação de Deus para nos salvar?

_____
_____
_____
_____
_____
_____
_____

4. Esse texto nos leva a refletir que Deus não nos salvou ou amou por nossas obras, mas por sua infinita graça. Contudo, por vezes, nós agimos como se o amor de Deus estivesse condicionado ao nosso desempenho. Você já agiu dessa forma? Já pensou que Deus deixou de amá-la ou passou a amá-la menos por não agir como deveria? Se Deus a amou quando você era filha da ira, como não a amará agora que você foi adotada por Ele em Cristo Jesus? Ao ler essa passagem, qual deve ser a sua postura?

5. O versículo 10 afirma que Deus nos predestinou para as boas obras. Logo, as obras não são condição para a salvação, mas o resultado dela. Sendo assim, tendo sido salva por Cristo e tendo a certeza de que Deus a ama, o que você deve fazer em resposta à obra de Deus em sua vida?

Dia 4

Texto: Efésios 2:11–22

Tema da perícope:

_____

¹¹ Portanto, lembrai-vos de que, outrora, vós, gentios na carne, chamados incircuncisão por aqueles que se intitulam circuncisos, na carne, por mãos humanas,

¹² naquele tempo, estáveis sem Cristo, separados da comunidade de Israel e estranhos às alianças da promessa, não tendo esperança e sem Deus no mundo.

¹³ Mas, agora, em Cristo Jesus, vós, que antes estáveis longe, fostes aproximados pelo sangue de Cristo.

¹⁴ Porque ele é a nossa paz, o qual de ambos fez um; e, tendo derribado a parede da separação que estava no meio, a inimizade,

¹⁵ aboliu, na sua carne, a lei dos mandamentos na forma de ordenanças, para que dos dois criasse, em si mesmo, um novo homem, fazendo a paz,

¹⁶ e reconciliasse ambos em um só corpo com Deus, por intermédio da cruz, destruindo por ela a inimizade.

¹⁷ E, vindo, evangelizou paz a vós outros que estáveis longe e paz também aos que estavam perto;

¹⁸ porque, por ele, ambos temos acesso ao Pai em um Espírito.

¹⁹ Assim, já não sois estrangeiros e peregrinos, mas concidadãos dos santos, e sois da família de Deus,

²⁰ edificados sobre o fundamento dos apóstolos e profetas, sendo ele mesmo, Cristo Jesus, a pedra angular;

²¹ no qual todo o edifício, bem ajustado, cresce para santuário dedicado ao Senhor,

²² no qual também vós juntamente estais sendo edificados para habitação de Deus no Espírito.

GUIA DE ESTUDO

Entendendo o texto

1. No versículo 11, Paulo menciona dois grupos de pessoas: incircuncisos e circuncisos. Quem eram os incircuncisos e quem eram os circuncisos?

_____
_____
_____

2. A palavra "carne" aparece em três sentenças ao longo da perícope. Escreva o sentido dela em cada uma dessas sentenças (versículos 11 e 15).

_____
_____
_____
_____
_____
_____
_____
_____

3. A palavra "paz" se repete três vezes ao longo do texto, e, segundo Paulo, em seu corpo, Cristo realizou reconciliação em dois níveis (versículos 12, 15 e 16). Quais são eles? Como essa reconciliação foi efetuada?

___

4. Por que tanto judeus quanto gentios precisavam ser reconciliados? (versículos 16–18)

___

5. Segundo o texto, fica claro que já não são dois povos, judeus e gentios (veja Gálatas 3:28), mas um só povo. Com base nesses versículos, especialmente o 16 e o 18, podemos concluir que o caminho para a salvação tanto para judeus como para gentios é o mesmo? Por quê? (Leia também Romanos 3:23,24.)

6. Há um paralelo entre os versículos 11–12 e os versículos 19–22. Descreva qual era a condição dos gentios em 11–12 e a condição em 19–22, prestando atenção aos termos de exclusão (incircuncisos, separados etc.) e aos termos de inclusão (concidadãos etc.). Pesquise os termos cujos significados você desconhece e anote-os.

Colocando em prática

1. Segundo os versículos 12 e 13, o sangue de Cristo é o meio pelo qual somos inseridos na aliança da promessa. Que promessa é essa à qual temos acesso em Cristo? O seu coração encontra descanso e paz nessa promessa ou você tem buscado que Deus cumpra "promessas pessoais" que não encontram amparo em sua Palavra?

___

___

___

___

2. A cruz é um símbolo de paz, verticalmente e horizontalmente. Por meio dela, Deus estabeleceu a paz com os homens e a paz entre os homens. Essa paz não é um sentimento, mas um fato, uma realidade da qual precisamos nos apropriar. Você busca a paz de Deus como um sentimento ou como um fato? Como saber que Cristo estabeleceu a paz leva você a se relacionar com Deus e com o seu próximo?

___

___

___

___

3. Segundo o apóstolo Paulo, o resultado da obra de Cristo é uma comunidade de paz formada por pessoas perdoadas por Deus e que agora estão livres para se relacionar sem inimizade. Essa comunidade é a igreja, e o que todos temos em comum é que éramos pecadores, fomos reconciliados e agora temos paz com Deus. Como essa condição de igualdade deve afetar os nossos relacionamentos e nos ajudar a lidar uns com os outros diante de nossas falhas, limitações e pecados?

_____

_____

_____

_____

4. Você tem buscado viver em paz com os seus irmãos em Cristo de modo intencional? Cristo fez a tarefa mais difícil por nós: estabeleceu a paz. Agora, cabe a nós trabalharmos para a manutenção dessa paz, lembrando-nos do alto preço que Cristo pagou por ela.[1]

_____

_____

_____

_____

---

[1] Cristo se importa com os nossos relacionamentos quebrados. Nós também deveríamos nos importar.

Efésios 3

TEMA do capítulo:

PRINCIPAIS ASSUNTOS tratados no capítulo:

RESUMO do capítulo:

Versículo para **MEMORIZAR**:

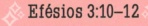 **Efésios 3:10–12**

Dia 5

Texto: Efésios 3:1-6

Tema da perícope:

_____

¹ Por esta causa eu, Paulo, sou o prisioneiro de Cristo Jesus, por amor de vós, gentios,

² se é que tendes ouvido a respeito da dispensação da graça de Deus a mim confiada para vós outros;

³ pois, segundo uma revelação, me foi dado conhecer o mistério, conforme escrevi há pouco, resumidamente;

⁴ pelo que, quando ledes, podeis compreender o meu discernimento do mistério de Cristo,

⁵ o qual, em outras gerações, não foi dado a conhecer aos filhos dos homens, como, agora, foi revelado aos seus santos apóstolos e profetas, no Espírito,

⁶ a saber, que os gentios são coerdeiros, membros do mesmo corpo e coparticipantes da promessa em Cristo Jesus por meio do evangelho;

GUIA DE ESTUDO

Entendendo o texto

1. O apóstolo Paulo inicia esta perícope usando a expressão "por esta causa" (destaque-a, se ainda não o fez). A que causa Paulo está se referindo? Perceba que a expressão aponta para a continuidade de uma ideia anteriormente apresentada. Portanto, volte à perícope anterior, do Capítulo 2, para compreender o contexto.

_____
_____
_____
_____
_____
_____
_____
_____
_____

2. O versículo 1 apresenta informações importantes a respeito da autoria da epístola e da ocasião em que ela foi escrita. Quais eram as condições de Paulo ao escrever aos efésios? (Veja Atos 28:16,30.)

3. Paulo estava em prisão domiciliar em Roma quando escreveu a Epístola aos Efésios. Ele, porém, não descreve a si mesmo como prisioneiro dos romanos, mas como "prisioneiro de Cristo Jesus". Por quê?

4. Segundo os versículos 1–3, qual é a relação entre as prisões de Paulo e o amor aos gentios?

_____
_____
_____
_____
_____
_____
_____

5. Uma das palavras-chave de Efésios é *mistério*. É preciso, portanto, compreender o seu sentido para entendermos corretamente Efésios. Nos versículos 3 e 4 Paulo afirma que lhe foi dado a conhecer esse mistério. Escreva a seguir as informações relacionadas a ele:

- Como esse mistério foi conhecido por Paulo? (versículo 3) (Veja também Gálatas 1:10–2:10.)

_____
_____
_____
_____
_____

- O mistério revelado a Paulo se refere a quem? (versículo 4)

_____
_____
_____
_____

- Como os crentes do passado se relacionaram com esse mistério? (versículo 5)

- A quem foi revelado esse mistério? (versículo 5)

- Qual é o cerne do mistério que foi revelado? (versículo 6)

- Qual é o meio pelo qual os gentios se tornam parte desse mistério? (versículo 6)

6. "Coerdeiros", "membros do mesmo corpo" e "coparticipantes": qual é o significado dessas palavras e como elas se relacionam entre si?

___

7. Releia Efésios 2:11–3:6 e, com suas próprias palavras, faça um resumo do mistério ao qual Paulo está se referindo.

___

Colocando em prática

1. Apesar de estar preso em Roma, Paulo afirma que é prisioneiro segundo a vontade de Deus, e não dos homens. Por vezes, nos deparamos com circunstâncias em nossas vidas que parecem depender da vontade dos homens, e não de Deus. Como a postura do apóstolo Paulo diante das circunstâncias que se encontrava encoraja você a lidar com situações adversas?

2. Deus usou circunstâncias adversas na vida de Paulo para que o evangelho chegasse até nós, gentios. Você já passou por alguma adversidade que, no fim das contas, se tornou bênção na vida de outros cristãos? Como as suas privações, limitações e adversidades têm servido para abençoar o Corpo de Cristo?

3. Atualmente, em alguns círculos evangélicos, usa-se muito o termo "mistério". Em que sentido esse termo é empregado geralmente? À luz do texto lido, esse uso está correto ou não? Se o mistério ao qual a Bíblia se refere já foi revelado em Cristo, é correto tratarmos como mistério algo que a Bíblia já revelou? Faça suas considerações.

4. Deus deu o seu próprio Filho para que nos tornássemos parte de sua família. O que esse fato comunica sobre o amor de Deus por nós?

_____
_____
_____
_____
_____
_____
_____
_____
_____

5. Em Cristo nos tornamos coerdeiros, membros do corpo e coparticipantes da promessa. Cada uma dessas expressões revela que nós pertencemos à igreja. Você já se sentiu um "peixe fora d'água" no Corpo de Cristo? Como essas palavras levam você a refletir sobre o seu lugar no Corpo?

_____
_____
_____
_____
_____
_____

6. Qual tem sido a sua atitude em relação à igreja? As expressões "coerdeiros" e "coparticipantes" nos lembram de que o Corpo de Cristo é formado por pessoas que estão sendo abençoadas juntas (coerdeiras) e estão servindo juntas (coparticipantes). Você tem participado e zelado pela comunhão com outros crentes? De que maneira?

7. Qual é a importância do evangelho na vida da igreja? De que forma o evangelho tem influenciado a sua vida?

_____
_____
_____
_____
_____
_____
_____
_____
_____
_____

A Igreja é a manifestação visível da reconciliação de todas as coisas em Cristo. Ela é a manifestação do ministério da reconciliação operado por Jesus. Não devemos menosprezar a beleza e a grandeza de pertencermos ao Corpo de Cristo e de estarmos unidos em comunhão com nossos irmãos domingo a domingo, pois é nesse ambiente, onde santos e pecadores se reúnem, que somos moldados, ensinados e reconciliados. Não deixemos de congregar.

Dia 6

Texto: Efésios 3:7-13

Tema da perícope:

_____

⁷ do qual fui constituído ministro conforme o dom da graça de Deus a mim concedida segundo a força operante do seu poder.

⁸ A mim, o menor de todos os santos, me foi dada esta graça de pregar aos gentios o evangelho das insondáveis riquezas de Cristo

⁹ e manifestar qual seja a dispensação do mistério, desde os séculos, oculto em Deus, que criou todas as coisas,

¹⁰ para que, pela igreja, a multiforme sabedoria de Deus se torne conhecida, agora, dos principados e potestades nos lugares celestiais,

¹¹ segundo o eterno propósito que estabeleceu em Cristo Jesus, nosso Senhor,

¹² pelo qual temos ousadia e acesso com confiança, mediante a fé nele.

¹³ Portanto, vos peço que não desfaleçais nas minhas tribulações por vós, pois nisso está a vossa glória.

GUIA DE ESTUDO

Entendendo o texto

1. No versículo 6, Paulo afirmou que "os gentios são coerdeiros, membros do mesmo corpo e coparticipantes da promessa em Cristo Jesus por meio do evangelho". Então, no versículo 7, ele continua dizendo: "do qual fui constituído ministro, conforme o dom da graça de Deus a mim concedida segundo a força operante do seu poder". Ao declarar que foi constituído ministro do evangelho aos gentios, o que Paulo está afirmando?

_____
_____
_____
_____
_____
_____
_____
_____

2. Por que Paulo refere-se a si mesmo como sendo o menor de todos os santos? (Veja Gálatas 1:10–2:10; 1 Coríntios 15:7–11; 1 Timóteo 1:15,16.)

3. Nos versículos 7 e 8, o apóstolo Paulo utiliza a palavra "graça" para se referir ao seu ministério. Ao utilizá-la, o que ele pretende comunicar acerca de seu chamado?

4. No versículo 9, Paulo afirma que o mistério de Cristo esteve oculto em Deus desde os séculos dos séculos. E no 11, afirma que Deus estabeleceu esse propósito em Cristo na eternidade. Ou seja, a Igreja não foi um projeto recente de Deus ou uma ideia que surgiu pelo caminho. A criação de todas as coisas está ligada ao estabelecimento da Igreja. De acordo com os versículos 9 e 10, qual é propósito que Deus estabeleceu para a Igreja, muito antes da vinda de Cristo?

5. O que são principados e potestades? (Veja também Colossenses 1:16,17.)

6. De acordo com o versículo 11, qual é o papel de Cristo no eterno propósito de Deus?

7. Releia Efésios 3:1,2,13 e responda: por que o apóstolo Paulo conclui a perícope dizendo aos efésios que "em suas tribulações está a glória deles"?

Colocando em prática

1. Ao ver o apóstolo Paulo se descrevendo como "o menor de todos os santos", mesmo sendo fiel e trabalhado incessantemente pela causa de Cristo (veja 1 Coríntios 15:10), o que você aprende sobre a humildade cristã? Você já se sentiu melhor que outros por servir a Cristo com maior dedicação? Como o exemplo de Paulo é útil para vencermos esse tipo de pensamento e sentimento?

_____
_____
_____
_____
_____
_____
_____
_____
_____

2. Apesar de todos os desafios que a Igreja de Cristo enfrenta, Deus escolheu manifestar sua multiforme sabedoria por meio dela, unindo pessoas diferentes e tornando-as parte de uma única família. Você percebe a bênção que é ser parte dessa grande família? Como você tem expressado sua alegria e gratidão a Deus por ser parte disso? Numa família, todos têm direitos e deveres, e precisam servir, para que a dinâmica familiar funcione. Como você tem contribuído para o crescimento e a edificação do Corpo de Cristo?

---

3. Em vez de colocar os seus sofrimentos em primeiro lugar, Paulo coloca as necessidades dos efésios acima das suas. Você está atenta às necessidades dos irmãos ao seu redor ou tem olhado unicamente para as suas próprias necessidades?

Dia 7

Texto: Efésios 3:14–21

Tema da perícope:

_____

¹⁴ Por esta causa, me ponho de joelhos diante do Pai,
¹⁵ de quem toma o nome toda família, tanto no céu como sobre a terra,
¹⁶ para que, segundo a riqueza da sua glória, vos conceda que sejais fortalecidos com poder, mediante o seu Espírito no homem interior;
¹⁷ e, assim, habite Cristo no vosso coração, pela fé, estando vós arraigados e alicerçados em amor,
¹⁸ a fim de poderdes compreender, com todos os santos, qual é a largura, e o comprimento, e a altura, e a profundidade
¹⁹ e conhecer o amor de Cristo, que excede todo entendimento, para que sejais tomados de toda a plenitude de Deus.
²⁰ Ora, àquele que é poderoso para fazer infinitamente mais do que tudo quanto pedimos ou pensamos, conforme o seu poder que opera em nós,
²¹ a ele seja a glória, na igreja e em Cristo Jesus, por todas as gerações, para todo o sempre. Amém!

GUIA DE ESTUDO

Entendendo o texto

1. A qual causa o apóstolo Paulo está se referindo no versículo 14?

_____
_____
_____
_____
_____
_____
_____
_____
_____
_____

2. Nos versículos 14 e 15, Paulo usa dois termos relacionados: "Pai" e "família". O que essas duas palavras dizem a respeito da condição deles diante de Deus? Como os gentios, que antes estavam longe (Efésios 2:11–14), chegaram a essa condição?

_____
_____
_____

3. Liste os motivos de oração apresentados pelo apóstolo Paulo:

a) _____

b) _____

c) _____

d) _____

e) _____

f) _____

4. Pelo que Paulo glorifica a Deus? (versículos 20 e 21)

_____
_____
_____
_____
_____
_____
_____
_____
_____
_____
_____
_____
_____

5. Segundo o versículo 16, qual é o papel do Espírito Santo no desenvolvimento da fé?

_____
_____
_____
_____
_____
_____
_____
_____
_____
_____

6. Paulo enfatiza bastante a unidade espiritual dos cristãos no capítulo 3. Segundo o versículo 18, qual é a importância dessa unidade na compreensão da dimensão do amor de Deus?

_____
_____
_____
_____
_____
_____
_____
_____
_____

7. De que forma eles seriam tomados de toda a plenitude de Deus?

_____
_____
_____
_____
_____
_____
_____
_____
_____

Colocando em prática

1. Paulo utiliza dimensões espaciais para tentar expressar a amplitude do amor de Deus, mesmo afirmando que esse amor excede todo o entendimento. Você já parou para refletir sobre a dimensão do amor de Deus por sua igreja e, particularmente, por você? Como o fato de saber que o amor de Deus excede o nosso entendimento leva você a adorá-lo?

\
\
\
\
\
\
\
\
\

2. Paulo conclui esta perícope com uma gloriosa doxologia (versículos 20 e 21). Geralmente, esses dois versículos são usados totalmente fora do seu contexto para afirmar que Deus é poderoso para realizar sonhos e planos muito maiores do que pedimos ou pensamos. Você já ouviu ou mencionou esses versículos nesse sentido? Ao lê-los dentro do seu contexto, porém, essa afirmação do apóstolo Paulo está relacionada aos nossos desejos ou ao fato de que, ainda que nossas orações possam ser limitadas, Deus é poderoso para fazer além do que pedimos ou pensamos? Reflita sobre isso. Como esses versículos finais lidos dentro do seu contexto lhe trazem consolo e encorajamento?

> Deus é poderoso para fazer infinitamente mais, conforme o poder que atua em nós, e não conforme os nossos desejos e expectativas. Em outras palavras, ainda que não sejamos capazes de pedir, pensar e desejar como convém, o seu poder que atua em nós está operando eficazmente para o cumprimento de sua vontade. Por isso, Ele é digno de glória em todas as esferas e em todos os tempos. Amém.

Efésios 4

TEMA do capítulo:

PRINCIPAIS ASSUNTOS tratados no capítulo:

RESUMO do capítulo:

Versículo para **MEMORIZAR**:

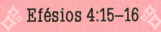
Efésios 4:15–16

Dia 8

Texto: Efésios 4:1–6

Tema da perícope:

___

¹ Rogo-vos, pois, eu, o prisioneiro no Senhor, que andeis de modo digno da vocação a que fostes chamados,

² com toda a humildade e mansidão, com longanimidade, suportando-vos uns aos outros em amor,

³ esforçando-vos diligentemente por preservar a unidade do Espírito no vínculo da paz;

⁴ há somente um corpo e um Espírito, como também fostes chamados numa só esperança da vossa vocação;

⁵ há um só Senhor, uma só fé, um só batismo;

⁶ um só Deus e Pai de todos, o qual é sobre todos, age por meio de todos e está em todos.

GUIA DE ESTUDO

Entendendo o texto

1. A qual vocação Paulo está se referindo no versículo 1? (Veja Efésios 3:1–11.)

2. Diante da vocação que receberam da parte de Deus, como os efésios deveriam viver?

3. Perceba a repetição das expressões "um/uma" e "todos". Destaque todas as vezes que elas aparecem na perícope. Que princípio cristão elas estão enfatizando?

4. Nos versículos 4–6, Paulo usa o artigo indefinido sete vezes, sendo três em referência às pessoas da Trindade. Como a unidade de Deus se relaciona com a unidade cristã?

5. A obra do Espírito não elimina a necessidade de um esforço intencional na santificação pessoal comunitária. Como os efésios deveriam preservar a unidade em meio à diversidade?

6. Qual é a relação entre a paz estabelecida por Cristo e a preservação da unidade dentro da igreja? Lembre-se de que anteriormente, no capítulo 2:11,22, Paulo disse que Cristo fez a paz entre judeus e gentios.

7. De acordo com os versículos 4 e 5, por que a unidade do Espírito deve ser preservada com diligência?

Colocando em prática

1. O que seria viver de acordo com a vocação de Deus? Você tem andado de modo digno da vocação que recebeu da parte de Deus?

2. A paz que Cristo estabeleceu por meio de seu sacrifício é a base para que nós possamos preservar a unidade no Espírito. Tal unidade só é possível porque Cristo estabeleceu essa paz entre nós. Divisões, rixas e rivalidades devem ser combatidas com diligência e esforço, a fim de que haja unidade no Espírito. Por vezes, quando temos conflitos com alguém, buscamos nesse alguém motivações para a reconciliação, e geralmente não encontramos. Não deveríamos, todavia, buscar no outro ou em nós mesmos a motivação para nos reconciliarmos, mas em Cristo. Ele é a motivação para que vivamos em unidade e em paz uns com os outros. Ele sofreu para estabelecer a paz e a unidade em seu Corpo. Por isso, devemos trabalhar para preservá-la. Há irmãos em Cristo com quem você precisa "reestabelecer a paz"? Não adie mais.

3. O apóstolo Paulo aponta para o fato de que Deus é "Pai de todos" aqueles que estão em Cristo. Logo, somos uma grande família. A família é a esfera social mais íntima na vida de uma pessoa. Como cristãos, devemos cultivar um relacionamento íntimo uns com os outros; um relacionamento no qual somos livres para expressar quem somos, confessar nossos pecados, aprender e ensinar, corrigir e ser corrigidos, assim como em uma família. Você tem cultivado relacionamentos assim dentro da igreja? Se não, que tal pensar em como você pode começar a cultivá-los? Reflita sobre isso.

Dia 9

Texto: Efésios 4:7–16

Tema da perícope:

___

NOTA: (1) Antes de ler a perícope a seguir, releia a anterior; isso a ajudará a não perder de vista o contexto mais próximo das palavras do apóstolo Paulo. (2) Leia Salmos 68.

⁷ E a graça foi concedida a cada um de nós segundo a proporção do dom de Cristo.

⁸ Por isso, diz: Quando ele subiu às alturas, levou cativo o cativeiro e concedeu dons aos homens.

⁹ Ora, que quer dizer subiu, senão que também havia descido até às regiões inferiores da terra?

¹⁰ Aquele que desceu é também o mesmo que subiu acima de todos os céus, para encher todas as coisas.

¹¹ E ele mesmo concedeu uns para apóstolos, outros para profetas, outros para evangelistas e outros para pastores e mestres,

¹² com vistas ao aperfeiçoamento dos santos para o desempenho do seu serviço, para a edificação do corpo de Cristo,

¹³ até que todos cheguemos à unidade da fé e do pleno conhecimento do Filho de Deus, à perfeita varonilidade, à medida da estatura da plenitude de Cristo,

¹⁴ para que não mais sejamos como meninos, agitados de um lado para outro e levados ao redor por todo vento de doutrina, pela artimanha dos homens, pela astúcia com que induzem ao erro.

¹⁵ Mas, seguindo a verdade em amor, cresçamos em tudo naquele que é a cabeça, Cristo,

¹⁶ de quem todo o corpo, bem-ajustado e consolidado pelo auxílio de toda junta, segundo a justa cooperação de cada parte, efetua o seu próprio aumento para a edificação de si mesmo em amor.

GUIA DE ESTUDO

Entendendo o texto

1. Releia Efésios 4:1–16. Após enfatizar a importância da unidade no corpo de Cristo, Paulo passa a falar da multiformidade de dons dentro desse mesmo corpo, deixando claro que unidade não significa uniformidade. Por que tanto a unidade quanto a multiformidade são necessárias no corpo de Cristo? Como a unidade contribui para o crescimento da comunidade cristã? E a multiformidade? Ao responder essas questões, pense também na dinâmica do corpo humano, que é, simultaneamente, uma unidade multiforme.

2. No versículo 8, o apóstolo Paulo faz uma citação de Salmos 68:18. Esse é um salmo de celebração. Ele fala da marcha triunfante de Deus, após a vitória sobre os seus inimigos, desde o Monte Sinai até o Monte Sião, e sua entronização no templo. O apóstolo Paulo viu nesse salmo a prefiguração da ascensão vitoriosa de Cristo aos céus após derrotar e desarmar as forças espirituais das trevas na cruz (Efésios 3:10; 6:12; Colossenses 1:20; 2:15). Paulo conecta as duas passagens apontando para o fato de que o Rei vitorioso não somente recebe dos homens presentes por sua vitória, mas compartilha o seu prêmio glorioso com os homens. O dom que Cristo recebeu do Pai por sua vitória na cruz, ele o partilhou com a Igreja por meio do Espírito Santo de Deus. Leia as passagens mencionadas e comente sobre isso.

3. Nos versículos 9 e 10, Paulo usa as palavras "subiu" e "desceu". Pensando na obra de Cristo, o que essas palavras querem dizer?

4. Quais são os ofícios mencionados pelo apóstolo Paulo? Use um comentário ou uma Bíblia de Estudo para verificar quais eram as funções designadas a cada um desses ofícios.

5. Segundo o versículo 12, os dons foram concedidos com propósitos específicos. Quais são esses propósitos?

6. Conforme o versículo 13, quando fielmente ministrados, quais resultados os dons manifestam dentro do Corpo de Cristo?

7. De acordo com o versículo 14, uma vez que os dons são ministrados de acordo com o propósito que Deus estabeleceu para eles, qual deve ser o resultado visível disso na vida da igreja?

8. Segundo o apóstolo Paulo, em suma, qual é a função e a importância dos dons dentro do Corpo de Cristo?

9. Conforme o versículo 15, qual é a base para o crescimento da fé em Cristo?

10. Paulo usa a imagem do corpo humano para se referir ao crescimento espiritual dos membros do Corpo de Cristo. Como esse crescimento ocorre?

Colocando em prática

1. Como o ensino fiel das Escrituras e a correta ministração dos dons nos livram de falsos ensinos e ventos de doutrina?

2. Quais são os ventos de doutrina que você tem identificado neste tempo? O que leva tantos cristãos a segui-los? Como você pode se prevenir para que não seja levada por eles?

3. Você já parou para pensar que os seus dons são generosos presentes, frutos da vitória de Cristo na cruz? Você tem usado esses presentes de sua graça para Ele? De que forma?

_____
_____
_____
_____
_____
_____
_____
_____
_____
_____
_____

4. Aperfeiçoamento dos santos, desempenho do seu serviço e edificação do Corpo de Cristo: você tem usado os seus dons tendo em vista esses três propósitos? Qual é a importância de cada um desses objetivos à luz do texto lido?

_____
_____
_____
_____
_____
_____

5. A belíssima dinâmica do corpo humano é que todos os órgãos e membros trabalham em benefício uns dos outros para o crescimento e a manutenção dele. Como membro do Corpo de Cristo, você tem cooperado para o desenvolvimento e crescimento de outros membros ou tem apenas se beneficiado daquilo que recebe, sem colaborar para que outros também obtenham crescimento? Como você poderia ser uma "junta" mais útil dentro do Corpo de Cristo? Pense e escreva sobre isso.

"Os crentes não recebem dons para serem usados em isolamento para autoedificação, nem devem procurar chegar à maturidade sozinhos. A visão de Paulo incluía todos os cristãos (Colossenses 1:28,29). O próprio Paulo, embora com uma compreensão mais avançada dos assuntos mais profundos de Cristo, esforçava-se para obter conhecimento do Filho de Deus e um grau de maturidade que viriam a ele apenas depois que todos os crentes também o tivessem obtido."[1]

---

[1] BÍBLIA. Comentário sobre Efésios 4:16, *Bíblia de Estudo de Genebra*.

Dia 10

Texto: Efésios 4:17–24

Tema da perícope:

NOTA: A partir desta perícope, o apóstolo Paulo começa a falar sobre "uma nova mentalidade", isto é, o tipo de postura que os efésios deveriam assumir uma vez salvos em Cristo, pois a nova identidade espiritual exige o rompimento com o pecado e o início de uma nova conduta, que reflete a santidade e a pureza de Cristo. Tenha isso em mente ao fazer a leitura do texto.

¹⁷ Isto, portanto, digo e no Senhor testifico que não mais andeis como também andam os gentios, na vaidade dos seus próprios pensamentos,

¹⁸ obscurecidos de entendimento, alheios à vida de Deus por causa da ignorância em que vivem, pela dureza do seu coração,

¹⁹ os quais, tendo-se tornado insensíveis, se entregaram à dissolução para, com avidez, cometerem toda sorte de impureza.

²⁰ Mas não foi assim que aprendestes a Cristo,

²¹ se é que, de fato, o tendes ouvido e nele fostes instruídos, segundo é a verdade em Jesus,

²² no sentido de que, quanto ao trato passado, vos despojeis do velho homem, que se corrompe segundo as concupiscências do engano,
²³ e vos renoveis no espírito do vosso entendimento,
²⁴ e vos revistais do novo homem, criado segundo Deus, em justiça e retidão procedentes da verdade.

GUIA DE ESTUDO

Entendendo o texto

1. Como o apóstolo Paulo descreve a conduta dos gentios? O que há de errado nessa conduta e por que os efésios deveriam andar de modo diferente?

_____
_____
_____
_____
_____
_____
_____
_____
_____

2. Releia os versículos 17–19. Paulo relaciona uma série de ações pecaminosas que começam na mente e no coração:

- "vaidade dos seus próprios pensamentos"
- "obscurecidos de entendimento"
- "dureza de coração"

Essas ações levam os gentios a se alienarem cada vez mais de Deus e viverem de forma contrária à sua vontade. Como essas ações, que começam na mente e no coração, se manifestam na vida dos gentios? Quais as consequências delas?

_____
_____
_____
_____
_____
_____
_____
_____

3. Segundo o versículo 19, os gentios cometem toda a sorte de impureza com avidez. O que isso significa?

_____
_____
_____
_____
_____
_____
_____
_____
_____
_____
_____

4. Qual é o significado da palavra "despojar"? Destaque-a no texto, pesquise o seu significado e escreva a seguir.

_____
_____
_____

5. De que maneira os efésios, gentios salvos em Cristo, deveriam se portar quanto ao trato passado?

_____
_____
_____
_____
_____
_____
_____

6. Despojar-se, renovar-se e revestir-se: qual é a importância dessas três ações nessa ordem em que são citadas? Se for necessário, pesquise o significado dessas palavras. (Veja também Colossenses 3:5–11.)

_____
_____
_____

7. Paulo faz um contraste entre o "velho homem" e o "novo homem". A partir do texto, defina e caracterize cada um deles:

- Velho homem

- Novo homem

8. A vida cristã apresenta um contraste evidente entre a ignorância sem Cristo e o conhecimento em Cristo. De acordo com o texto, quais são as consequências da ignorância na vida do ímpio e do conhecimento na vida do cristão?

9. Após exortar os efésios a se despojarem do velho homem, Paulo lhes diz que eles precisam se renovar no espírito do seu entendimento (veja Romanos 12:2) para então lhes exortar a se revestirem do novo homem. Qual é o papel da renovação do nosso entendimento para que sejamos revestidos do novo homem? Como a renovação do entendimento ocorre?

Colocando em prática

1. Ao olhar para a sua vida, você consegue perceber como era o seu proceder outrora, e como é o seu proceder agora em Cristo? O que mudou?

2. Na prática, como podemos nos despojar do velho homem?

3. Para nos revestirmos do novo homem, precisamos ter o entendimento renovado. Avaliando a sua vida, você acha que o seu entendimento tem sido renovado? De que forma? Quais são as evidências disso?

_____
_____
_____
_____
_____
_____
_____
_____

4. A dureza de coração é fruto do pecado. Um coração endurecido não é capaz de receber a graça salvadora. Para que isso ocorra, primeiramente, é necessário que Deus realize uma transformação radical em nossos corações, mudando completamente a nossa natureza, conforme Ezequiel 36:26: "Dar-vos-ei coração novo e porei dentro de vós espírito novo; tirarei de vós o coração de pedra e vos darei coração de carne." Corações de pedra não podem se converter, a menos que Deus os transforme em corações de carne. E ao transformar corações de pedra em corações de carne, pelo

Espírito Santo, Ele os torna quebrantados e contritos (Salmos 51:17), o tipo de coração que pode se aproximar da presença do Senhor, pois ele não o despreza. Como está seu coração hoje? Ele está quebrantado e contrito ou endurecido por pecados não confessados e negligência espiritual? Ore a Deus, avalie o seu coração e escreva a seguir qual é a condição dele e o que é necessário para que haja mudança.

Dia 11

Texto: Efésios 4:25–32

Tema da perícope:

NOTA: Após exortar os efésios a se despojarem do velho homem e a se revestirem do novo homem, nesta perícope, o apóstolo Paulo apresenta como eles deveriam fazer isso de forma prática.

²⁵ Por isso, deixando a mentira, fale cada um a verdade com o seu próximo, porque somos membros uns dos outros.

²⁶ Irai-vos e não pequeis; não se ponha o sol sobre a vossa ira,

²⁷ nem deis lugar ao diabo.

²⁸ Aquele que furtava não furte mais; antes, trabalhe, fazendo com as próprias mãos o que é bom, para que tenha com que acudir ao necessitado.

²⁹ Não saia da vossa boca nenhuma palavra torpe, e sim unicamente a que for boa para edificação, conforme a necessidade, e, assim, transmita graça aos que ouvem.

³⁰ E não entristeçais o Espírito de Deus, no qual fostes selados para o dia da redenção.

³¹ Longe de vós, toda amargura, e cólera, e ira, e gritaria, e blasfêmias, e bem assim toda malícia.
³² Antes, sede uns para com os outros benignos, compassivos, perdoando-vos uns aos outros, como também Deus, em Cristo, vos perdoou.

GUIA DE ESTUDO

Entendendo o texto

1. Conforme o texto, para se revestir de um caráter santo, é necessário se despir da velha conduta pecaminosa. De forma prática, o apóstolo Paulo descreve seis maneiras concretas pelas quais a dinâmica do "despir-se e revestir-se" deve ocorrer na comunidade cristã. Destaque cada uma delas no texto e liste-as a seguir:

_____
_____
_____
_____
_____
_____
_____
_____
_____

2. O que os pecados listados nos versículos 29–31 têm em comum?

_____
_____

3. Note que a maior parte das exortações do apóstolo Paulo não está relacionada aos benefícios da santidade em seu aspecto particular, mas em seu reflexo no relacionamento com o próximo. À luz do texto, como a santidade pessoal deve se refletir na comunidade cristã?

4. Qual é a relação entre falarmos a verdade e sermos membros uns dos outros?

5. Por que, ao alertar sobre a ira pecaminosa não resolvida, Paulo exorta os efésios para que não "deem lugar ao diabo"?

6. Há um belo contraste no versículo 28. Aquele que antes tomava do seu próximo, agora deve trabalhar a fim de ter condições de dar ao seu próximo. Esse texto também aponta para uma visão cristã sobre as finanças e o trabalho. À luz desse texto, como os cristãos devem lidar com suas finanças e trabalho? Qual deve ser o propósito implícito em nossos ganhos?

7. Por que Paulo introduz a pessoa do Espírito Santo no versículo 30?

8. Paulo conclui o capítulo listando mais pecados dos quais os efésios deveriam se despir e uma conduta excelente com a qual deveriam se revestir. O que deve ser abandonado? Como devemos nos portar a partir de então?

9. Qual é a relação entre o nosso dever de perdoar e o perdão de Deus?

Colocando em prática

1. De quais pecados você precisa se despir? Peça a Deus que lhe revele o seu pecado.

2. Quais atitudes positivas listadas pelo apóstolo Paulo você sente dificuldade de aplicar em sua vida? Por quê? Ore pedindo a Deus para que Ele a auxilie, pelo poder do Espírito Santo, a se revestir da forma que Ele deseja.

3. A santidade bíblica não é uma experiência mística vivenciada a partir do isolamento. Em outras palavras: você não se torna mais santo indo para um monte. Você se torna mais santo na comunhão com outros crentes pecadores e imperfeitos, assim como você. De que forma a comunhão pode ajudá-la no processo de santificação? De que forma você pode buscar ter mais comunhão com outros crentes?

Efésios 5

TEMA do capítulo:

PRINCIPAIS ASSUNTOS tratados no capítulo:

RESUMO do capítulo:

Versículo para **MEMORIZAR**:
Efésios 5:1–2

Dia 12

Texto: Efésios 5:1–7

Tema da perícope:

---

¹ Sede, pois, imitadores de Deus, como filhos amados;

² e andai em amor, como também Cristo nos amou e se entregou a si mesmo por nós, como oferta e sacrifício a Deus, em aroma suave.

³ Mas a impudicícia e toda sorte de impurezas ou cobiça nem sequer se nomeiem entre vós, como convém a santos;

⁴ nem conversação torpe, nem palavras vãs ou chocarrices, coisas essas inconvenientes; antes, pelo contrário, ações de graças.

⁵ Sabei, pois, isto: nenhum incontinente, ou impuro, ou avarento, que é idólatra, tem herança no reino de Cristo e de Deus.

⁶ Ninguém vos engane com palavras vãs; porque, por essas coisas, vem a ira de Deus sobre os filhos da desobediência.

⁷ Portanto, não sejais participantes com eles.

GUIA DE ESTUDO

Entendendo o texto

1. Qual é a motivação dada pelo apóstolo Paulo para que os cristãos sejam imitadores de Deus? (Veja também Efésios 1:5.)

_____
_____
_____
_____
_____
_____
_____
_____
_____
_____

2. De acordo com Efésios 5:2, o que significa andar em amor? (Veja também Efésios 5:25.)

_____
_____
_____
_____
_____
_____

3. Escreva o significado das palavras e expressões listadas a seguir. Compare o uso delas com outras versões bíblicas:

- Impudicícia

- Cobiça

- Conversação torpe

- Chocarrices

4. Segundo o texto, por que essas coisas não devem ser sequer nomeadas entre os santos?

5. Nesse contexto, o que significa ser enganado com palavras vãs?

6. Por que Paulo se refere à incontinência, à impureza e à avareza como idolatria?

7. Como a Bíblia classifica aqueles que vivem habitualmente na imoralidade sexual sem arrependimento, na impureza licenciosa e na avareza material? Por quê?

Colocando em prática

1. Em que áreas de sua vida você se sente mais tentada à idolatria?

2. De que forma você pode viver de maneira mais sábia?

3. O versículo 3 menciona uma série de pecados que devem ser eliminados da vida de cada cristão. De maneira prática, como você pode eliminar e evitar essas coisas em sua vida?

4. A nossa cultura enfatiza e exalta a liberdade sexual, ao passo que um padrão de pureza sexual é desprezado. Desse modo, há um alto custo para aqueles que se posicionam contra a ideia de liberdade sexual. Porém, conforme Paulo nos mostra, esse tipo de exaltação à imoralidade não é exclusivo de nossa geração. Você tem lutado com pecados sexuais? Que atitudes você tem tomado para permanecer distante desses pecados? A partir dessa leitura, quais atitudes você vai tomar? Faça um compromisso com Deus e siga firme!

Dia 13

Texto: Efésios 5:8–14

Tema da perícope:

_____

NOTA: Releia a perícope anterior para compreender melhor o contexto.

⁸ Pois, outrora, éreis trevas, porém, agora, sois luz no Senhor; andai como filhos da luz

⁹ (porque o fruto da luz consiste em toda bondade, e justiça, e verdade),

¹⁰ provando sempre o que é agradável ao Senhor.

¹¹ E não sejais cúmplices nas obras infrutíferas das trevas; antes, porém, reprovai-as.

¹² Porque o que eles fazem em oculto, o só referir é vergonha.

¹³ Mas todas as coisas, quando reprovadas pela luz, se tornam manifestas; porque tudo que se manifesta é luz.

¹⁴ Pelo que diz: Desperta, ó tu que dormes, levanta-te de entre os mortos, e Cristo te iluminará.

GUIA DE ESTUDO

Entendendo o texto

1. A palavra "pois", no versículo 8, conecta esta perícope à perícope anterior e indica uma causa. Paulo está dando aos efésios a razão pela qual eles não deveriam ser participantes das obras das trevas. Que razão é essa?

___

2. Perceba o contraste entre "outrora, *éreis* trevas" e "agora, *sois* luz". Paulo não está dizendo apenas que eles *estavam* nas trevas, mas que eles *eram* trevas. Em outras palavras, essa era a essência deles enquanto ímpios; sua natureza era de trevas. Porém, no Senhor, eles receberam uma nova natureza: "agora, sois luz". Diante dessa nova natureza, qual deveria ser a conduta dos efésios?

___

3. Note que, ao afirmar aos efésios que agora eles são luz, Paulo enfatiza que eles são luz "no Senhor". Qual é a importância dessa ênfase?

4. O que significa ser "filho da luz"? (Veja também Efésios 1:5.)

5. Após ter dito aos efésios como eles *não* deveriam se portar (versículos 3–6), Paulo diz como devem andar aqueles que são "luz no Senhor". Qual princípio deveria nortear a caminhada dos efésios a partir da conversão?

_____
_____
_____
_____
_____
_____
_____
_____
_____

6. No versículo 11, Paulo apresenta mais um contraste. Como filhos da luz, qual deveria ser a atitude dos efésios em relação às obras das trevas?

_____
_____
_____
_____
_____
_____

7. A luz torna tudo visível. De acordo com o versículo 13, por que é importante que o pecado se torne visível?

_____
_____
_____
_____
_____
_____

8. Segundo o versículo 14, aqueles que estão nas trevas estão dormindo. O que significa dormir nesse contexto? Perceba que há um paralelismo sinônimo, um recurso literário muito comum na poesia hebraica em que a ideia apresentada na primeira linha é repetida na seguinte, mas com outras palavras, para dar ênfase. (Veja também Isaías 26:19; 51:17; 52:1; 60:1.)

_____
_____
_____
_____
_____
_____
_____
_____
_____

Colocando em prática

1. Nos versículos 7 e 8, Paulo enfatiza que, uma vez que já não somos trevas, não devemos ter parte com as trevas, isto é, não devemos nos relacionar com os ímpios a ponto de participarmos de suas obras infrutíferas. Essas obras foram mencionadas por Paulo nos versículos 3–6. Como cristãos, nós não *somos* do mundo, mas *estamos* no mundo. Relacionamo-nos com não cristãos no trabalho, na faculdade, na vizinhança, onde quer que estejamos. Como podemos ser luz, sem, contudo, nos tornarmos participantes de conversas torpes e outras coisas que não nos convêm? Como você tem lidado com essa tensão em seu dia a dia?

2. Há quanto tempo você tem andado com o Senhor? Ao examinar a sua trajetória, você pode chegar à conclusão de que tem andado cada vez mais como filha da luz? Quais são as evidências disso?

---

3. Bondade, justiça e verdade são princípios bíblicos que todo cristão deve manifestar. De que maneira você pode ser mais bondosa, justa e verdadeira?

---

4. Segundo o versículo 10, o princípio que deve nortear a caminhada do cristão é a constante busca daquilo que é agradável ao Senhor. Em suas escolhas e ações diárias, você tem usado esse princípio norteador, procurando fazer aquilo que é agradável ao Senhor? De que forma?

5. De que forma nós podemos acabar nos tornando cúmplices das obras das trevas? De que forma prática podemos reprová-las?

6. O versículo 13 nos lembra da importância do testemunho entre aqueles que não conhecem Cristo, pois, quando agimos de forma contrária e reprovamos as práticas dos ímpios, a luz que há em nós manifesta as trevas que há neles, ou seja, mostra-lhes que eles estão agindo de forma errada e pecaminosa. Por meio disso, eles podem ser despertados de seu sono espiritual e conduzidos ao arrependimento. Você tem cumprido o seu papel de modo que aqueles que estão ao seu redor em trevas sejam iluminados pela luz que há em você? De que forma? A partir dessa leitura, como você pode melhorar?

Dia 14

Texto: Efésios 5:15—21

Tema da perícope:

_____

NOTA: Releia a perícope anterior para compreender melhor o contexto.

¹⁵ Portanto, vede prudentemente como andais, não como néscios, e sim como sábios,

¹⁶ remindo o tempo, porque os dias são maus.

¹⁷ Por esta razão, não vos torneis insensatos, mas procurai compreender qual a vontade do Senhor.

¹⁸ E não vos embriagueis com vinho, no qual há dissolução, mas enchei-vos do Espírito,

¹⁹ falando entre vós com salmos, entoando e louvando de coração ao Senhor com hinos e cânticos espirituais,

²⁰ dando sempre graças por tudo a nosso Deus e Pai, em nome de nosso Senhor Jesus Cristo,

²¹ sujeitando-vos uns aos outros no temor de Cristo.

GUIA DE ESTUDO

Entendendo o texto

1. Destaque a palavra "néscios" no texto, pesquise e escreva o seu significado abaixo.

_____
_____
_____
_____
_____
_____
_____
_____
_____

2. Nesta perícope, o apóstolo Paulo continua trabalhando com contrastes, por exemplo, "ao invés disso, aquilo". Observe o texto, destaque e escreva a seguir os contrastes presentes nele.

_____
_____
_____
_____
_____

3. De acordo com os versículos 15–17, quais são as características de uma pessoa sábia?

4. O que significa remir o tempo? (Compare também com outras versões bíblicas.)

5. Qual é a relação entre ser sábio e remir o tempo?

6. O insensato não vive para compreender a vontade de Deus, pelo contrário, ele ignora a presença de Deus, bem como seus desígnios para os homens. E quanto mais ele ignora isso, mais insensato ele se torna. Diferentemente do insensato, qual é o meio pelo qual o cristão busca compreender a vontade de Deus?

7. Por que é importante aproveitar ao máximo todas as oportunidades?

8. Paulo usa uma série de particípios gregos ("falando", "entoando", "louvando", "dando sempre graças", "sujeitando-vos") para caracterizar o comportamento das pessoas que estão sob a influência direta do Espírito e sendo ricamente habitadas pela palavra de Cristo (Colossenses 3:16–17). Em nossos dias, a ideia de ser cheio do Espírito está carregada de misticismo. Em vez de uma vida que manifesta continuamente o fruto do Espírito, muitos creem que ser cheio do Espírito é experimentar um êxtase, entrar em transe, sentir uma sensação, um arrepio ou ter uma experiência momentânea. Entretanto, na Bíblia, ser cheio do Espírito é muito mais concreto do que subjetivo. De acordo com os versículos 19–21, quais são os resultados de ser cheio do Espírito?

9. Antes falar da sujeição que os cristãos devem ter uns para com os outros, o apóstolo Paulo exorta a sermos cheios do Espírito. Por que você acha necessário sermos cheios do Espírito Santo para que nos sujeitemos uns aos outros?

___

Colocando em prática

1. Ao observar as características de uma pessoa sábia, apresentadas nos versículos 17 e 18, você acha que tem sido sábia em seu viver diário? Em quais atitudes você tem falhado? Escreva a seguir, pelo menos, duas resoluções para viver de modo mais sábio.

2. O tempo é um recurso não renovável. Nenhum segundo pode ser recuperado, e prestaremos contas diante de Deus pela forma como o usamos. Você tem feito uma boa mordomia do tempo que Deus tem-lhe dado? Reflita como você tem desperdiçado o seu tempo e, de forma prática, o que você fará para usá-lo melhor a partir de agora.

3. John Piper escreveu: "Uma das maiores utilidades do Twitter e Facebook [e Instagram] será provar no Último Dia que a falta de oração não era por falta de tempo."

- Quanto tempo você gasta diariamente com as redes sociais? Você acha que tem usado esse tempo de forma produtiva?

- E como está a sua vida de oração e devoção? Você tem investido tempo suficiente nisso?

Precisamos remir o tempo!

4. Muitas pessoas buscam a vontade de Deus como se fosse um biscoito da sorte, um passe de mágica, um sinal vindo dos céus. Mas a vontade do Senhor se encontra revelada nas Escrituras, e só por meio dela podemos compreender a vontade de Deus. Em seu viver diário, você tem buscado compreender a vontade do Senhor? De que forma você tem feito isso?

_____
_____
_____
_____
_____
_____
_____
_____
_____
_____

5. Conforme os versículos 18–21, uma pessoa cheia do Espírito Santo:

- Edifica os homens (versículo 19a).
- Louva a Deus (versículo 19b).
- Dá graças a Deus (versículo 20).
- Sujeita-se no temor do Senhor (versículo 21).

Portanto, ser cheio do Espírito é muito mais do que barulho. É serviço a Deus e ao próximo. Faça uma autoanálise: suas atitudes têm manifestado a plenitude do Espírito em sua vida? Ore a Deus, clamando para que Ele a encha do seu Espírito para que você possa viver de acordo com a sua Palavra.

Dia 15

Texto: Efésios 5:22-24

Tema da perícope:

___

NOTA: (1) O livro de Efésios é um anúncio de que em Cristo, Deus, o Pai, nos fez uma nova família e restaurou os nossos relacionamentos. Portanto, nossos relacionamentos devem espelhar essa reconciliação. Assim, a partir desta seção, Paulo apresenta um padrão mais elevado (que o apresentado pela cultura) para os relacionamentos nos contextos de igreja, família e serviço. (2) Releia Efésios 5:18-21.

²² As mulheres sejam submissas ao seu próprio marido, como ao Senhor;
²³ porque o marido é o cabeça da mulher, como também Cristo é o cabeça da igreja, sendo este mesmo o salvador do corpo.
²⁴ Como, porém, a igreja está sujeita a Cristo, assim também as mulheres sejam em tudo submissas ao seu marido.

GUIA DE ESTUDO

Entendendo o texto

1. Destaque e conte no texto todas as referências à pessoa de Cristo. Quantas referências você encontrou?

O fato de Paulo fazer referência à pessoa de Cristo com tamanha frequência nesta perícope aponta para a verdade de que o cerne de todas as orientações práticas que ele está trazendo é Cristo. Portanto, ao estudar esta passagem, devemos ter muito claro em nossas mentes que o foco de Paulo não é a esposa, nem o marido, nem o casamento entre homem e mulher, mas sim o relacionamento entre *Cristo* e a sua Igreja.

2. Geralmente esta passagem é lida sem o contexto anterior a ela, mas de que forma o versículo 21 oferece uma excelente introdução para ela?

A palavra grega traduzida como sujeitar em Efésios 5 é *hupotasso*. É um termo militar que significa "enfileirar-se, colocar-se de maneira ordenada". Neste contexto, a palavra é apresentada como imperativo presente. Significa que a esposa pratica a ação de submeter-se — é dela a responsabilidade de obedecer. O marido não a pode forçar à submissão. A esposa escolhe obedecer (por causa de Cristo, o Senhor). E já que o *hupotasso* está no tempo presente, isso significa que é uma ação contínua e habitual — e não ocasional.

3. À luz de todo o contexto do capítulo 5, especialmente dos versículos 15–21, por que Paulo pede às mulheres que sejam submissas aos seus próprios maridos?

4. De que forma a Igreja está sujeita a Cristo?

5. O que significa submissão? Compare o significado de um dicionário comum com o significado de um dicionário ou comentário bíblico. Você percebe diferenças nos conceitos apresentados? Se sim, quais?

6. O que Paulo quer dizer ao afirmar que "o marido é o cabeça da mulher, como também Cristo é o cabeça da igreja"? O que significa ser "o cabeça"?

_____
_____
_____
_____
_____
_____
_____
_____

7. Paulo orienta que as mulheres sejam submissas "como ao Senhor" (versículo 22) e que elas sejam "em tudo" submissas ao seu próprio marido. A expressão "em tudo" não está dissociada da expressão "como ao Senhor". Sendo assim, por que é importante que a mulher seja primeiramente submissa ao Senhor antes de ser submissa ao marido? Em quais circunstâncias a mulher deve deixar de se submeter ao marido para se submeter ao Senhor? (Veja também Atos 5:29, 1 Pedro 3:1–6.)

_____
_____
_____
_____
_____

8. O apóstolo Paulo escreve a partir de um contexto (judaico, grego e romano) no qual existia uma visão degradante das mulheres, como se elas fossem pouco mais do que propriedades, sem praticamente nenhum direito. De que forma o ensino de Paulo, nos versículos 25–33, vai em direção contrária a esse pensamento predominante?

9. Conforme os versículos 22–24, de que forma a esposa deve considerar seu marido?

10. De acordo com o texto, qual é o alicerce da submissão?

Colocando em prática

1. Em sua opinião, por que a ideia de sujeição é tão difícil para nós? Em que difere a ideia de submissão apresentada pela Bíblia com aquela apresentada pela cultura?

2. Em algum momento você acreditou que a submissão fosse sinônimo de inferioridade ou um castigo de Deus à mulher devido à Queda?

3. Faça uma análise honesta: a ordem de submissão a incomoda? Por quê? Se sim, reflita se o seu modo de enxergar a submissão não tem sido influenciado por uma visão pecaminosa do seu próprio coração ou da cultura. Escreva honestamente quais aspectos da submissão te incomodam, ore a respeito disso e peça a Deus que a ajude a ter uma visão bíblica e a honrá-lo por meio da submissão.

4. Como você, casada, deve exercer a submissão ao seu marido de forma mais semelhante à Igreja? Como você, solteira, deve exercer a submissão dentro do contexto familiar e na igreja? (Veja Efésios 5:21 e 6:1–3.)

5. No versículo 24, Paulo afirma que as mulheres devem ser "em tudo" submissas ao seu marido. Note que a expressão "em tudo" não significa "em todo detalhe, sem exceção", mas sim "em todas as áreas da vida". Como essa distinção amplia a sua compreensão a respeito da submissão?

6. Muitas mulheres casadas nutrem uma mentalidade de independência no casamento. Elas compartilham aquilo que convém, mas mantêm determinadas áreas de suas vidas (finanças, uso do seu tempo, amizades, escolhas quanto ao seu corpo etc.) sob seu domínio particular. Por que você acredita que isso acontece?

Todos os cristãos devem se submeter ao Senhor em honra e obediência, de modo incondicional. Vale ressaltar, porém, que, ao ordenar que a esposa se submeta ao seu marido como ao Senhor, Paulo não está se referindo ao mesmo tipo de submissão incondicional que é devida a Cristo, uma vez que a submissão da esposa ao marido é condicional. A esposa deve ser submissa ao marido até o ponto em que a sua liderança está de acordo com a lei de Deus (veja Lucas 18:29,30; Atos 5:29). Em outras palavras, se a sujeição ao marido levar a pecar contra Deus, então a esposa não deve se submeter.

Se a submissão levar a maus tratos ou desonra e desrespeito à esposa, então ela não deve acontecer, pois, submissão não quer dizer obediência cega ao marido, mas respeitar a sua liderança e nutri-la.

Dia 16

Texto: Efésios 5:25–33

Tema da perícope:

_____

²⁵ Maridos, amai vossa mulher, como também Cristo amou a igreja e a si mesmo se entregou por ela,

²⁶ para que a santificasse, tendo-a purificado por meio da lavagem de água pela palavra,

²⁷ para a apresentar a si mesmo igreja gloriosa, sem mácula, nem ruga, nem coisa semelhante, porém santa e sem defeito.

²⁸ Assim também os maridos devem amar a sua mulher como ao próprio corpo. Quem ama a esposa a si mesmo se ama.

²⁹ Porque ninguém jamais odiou a própria carne; antes, a alimenta e dela cuida, como também Cristo o faz com a igreja;

³⁰ porque somos membros do seu corpo.

³¹ Eis por que deixará o homem a seu pai e a sua mãe e se unirá à sua mulher, e se tornarão os dois uma só carne.

³² Grande é este mistério, mas eu me refiro a Cristo e à igreja.

³³ Não obstante, vós, cada um de per si também ame a própria esposa como a si mesmo, e a esposa respeite ao marido.

GUIA DE ESTUDO

Entendendo o texto

1. Quais instruções Paulo enfatiza ao marido nos versículos 25–33?

2. Como Cristo amou a Igreja?

3. Segundo o versículo 26, qual é o papel da Palavra no processo de santificação da Igreja?

4. Qual será o resultado da santificação? Como a Igreja será apresentada diante de Cristo no fim? De que forma isso é tanto uma esperança quanto um consolo para os cristãos?

5. De acordo com a sua compreensão, a partir do texto, qual é o objetivo do marido para com a sua esposa?

6. De acordo com o texto, por que é importante que o marido ame a sua esposa e a esposa se submeta ao marido? (Veja também 1 Pedro 3:7.)

Colocando em prática

1. Como você reage à ideia de que o casamento dos cristãos representa para o mundo o relacionamento de Cristo com a sua Igreja?

2. Como seriam os casamentos se as instruções bíblicas fossem realmente seguidas?

3. Em sua opinião, a igreja prega o bastante sobre a ideia bíblica de casamento? Você acredita que se houvesse mais pregações sobre casamento os solteiros teriam mais incentivo para se casarem?

4. Vivemos hoje uma crise sem precedentes nos casamentos, tanto no que diz respeito a divórcios entre cristãos quanto a dificuldades que os solteiros enfrentam para se casar. Como a comunidade cristã pode construir e apoiar os casamentos?

5. De forma prática, como o marido pode expressar seu amor pela esposa e a esposa pode expressar submissão ao seu marido?

6. Culturalmente é comum a ideia de que o casamento é uma conquista ou realização pessoal, cujo propósito é meramente a felicidade do indivíduo. Paulo, contudo, apresenta uma ideia completamente contracultural ao afirmar que o casamento dos cristãos representa para o mundo o relacionamento de Cristo com sua Igreja. As suas expectativas em relação ao casamento estão de acordo com a Bíblia ou com a cultura? Pense sobre isso e, se a sua visão sobre o casamento tem sido mais influenciada pela cultura, ore pedindo a Deus que mude o seu coração e coloque nele as expectativas corretas para que você o glorifique nessa área.

7. Você, esposa, tem enfrentado dificuldades na forma como seu marido tem liderado ou na sua disposição de se submeter a ele? Quais têm sido as dificuldades enfrentadas? Ore por isso e, se for possível, leia o livro de Efésios com o seu marido. Peça a Deus que os auxilie, para que o seu casamento manifeste sua glória e propósito.

> "Como ao Senhor" é um lembrete para nós de que, embora nosso marido possa falhar conosco, o Senhor é sempre digno da nossa submissão.

Efésios 6

TEMA do capítulo:

PRINCIPAIS ASSUNTOS tratados no capítulo:

RESUMO do capítulo:

Versículo para **MEMORIZAR**:

 Efésios 6:10,11

Dia 17

Texto: Efésios 6:1–4

Tema da perícope:

---

¹ Filhos, obedecei a vossos pais no Senhor, pois isto é justo.
² Honra a teu pai e a tua mãe (que é o primeiro mandamento com promessa),
³ para que te vá bem, e sejas de longa vida sobre a terra.
⁴ E vós, pais, não provoqueis vossos filhos à ira, mas criai-os na disciplina e na admoestação do Senhor.

GUIA DE ESTUDO

Entendendo o texto

1. Por que os filhos devem honrar os pais?

_____
_____
_____
_____
_____
_____
_____
_____

2. Ao afirmar que é justo que os filhos honrem os pais, o que Paulo quer dizer?

_____
_____
_____
_____
_____
_____
_____
_____
_____
_____

3. Como os filhos devem honrar os pais *no Senhor*?

_____
_____
_____
_____
_____
_____
_____
_____
_____

4. Apesar de estar abordando questões práticas, a palavra "Senhor" aparece duas vezes nessa perícope. Ao usar o nome do Senhor para orientar os efésios quanto às questões práticas, qual princípio fundamental Paulo está ensinando?

_____
_____
_____
_____
_____
_____
_____
_____

5. O que significa provocar os filhos à ira? De que maneira os pais podem acabar fazendo isso?

6. Paulo escreve de um contexto social no qual crianças basicamente não possuíam direitos, e os pais eram livres para criá-los e fazer com eles o que bem entendessem — até mesmo matar recém-nascidos ou escravizar seus filhos, caso desejassem. Ele apresenta, porém, uma nova visão, na qual os pais não são livres para criar os filhos como querem, e mais uma vez ele usa o nome do Senhor. De que forma os pais cristãos deveriam criar os seus filhos? Procure e anote o significado da palavra "admoestação".

7. "Provocar à ira" está em contraste com "criar na disciplina e na admoestação do Senhor". Em que sentido não criar os filhos na disciplina e na admoestação do Senhor é também provocá-los à ira?

8. Como Deus se apresenta como um modelo perfeito de paternidade?

9. Na nova vida em Cristo, os filhos não devem obedecer aos pais por medo ou mera obrigação, mas por amor e devoção ao Senhor. Como a devoção ao Senhor tem encorajado você a honrar seus pais, ainda que eles possam falhar com você?

_____
_____
_____
_____
_____
_____
_____
_____

Colocando em prática

1. É interessante notar que, embora a Bíblia muitas vezes seja acusada de depreciar a mulher, ela exalta o papel da mulher de diversas maneiras. Uma delas está presente no mandamento que ordena que honremos não somente o pai, mas também a mãe. É comum que, dependendo do contexto, alguns filhos honrem mais o pai do que a mãe, ou honrem mais a mãe do que o pai. No entanto, somos ordenados a honrar os dois. Você tem honrado ambos, pai e mãe, conforme a Bíblia orienta? Por alguma razão você tem dificuldade de cumprir esse mandamento? Se sim, por quê?

2. Como a orientação de Paulo a encoraja a honrar seus pais, a despeito das dificuldades que esse relacionamento possa apresentar?

3. De que forma os filhos que ainda estão sob o cuidado e autoridade dos pais podem honrá-los?

4. De que forma os filhos já adultos ou casados podem honrar os seus pais?

5. Se pudesse escolher uma palavra para descrever seu relacionamento com seus pais, qual seria? Por quê?

6. Talvez você não tenha tido um bom exemplo de paternidade ou maternidade, e por isso até encontre dificuldade para ver Deus como um Pai. Mas de que forma a paternidade de Deus pode ser um consolo para aqueles que não têm um bom relacionamento com os seus pais?

_____
_____
_____
_____
_____
_____

7. De que maneira Jesus, na condição de Filho, se apresenta como um exemplo para nós?

_____
_____
_____
_____
_____
_____
_____

8. Se você é mãe, em algum momento já se viu provocando os seus filhos à ira? De que maneira? O que você tem feito para evitar que isso ocorra?

_____
_____

9. Como mãe, quais os principais desafios você encontra para criar os filhos na disciplina e na admoestação do Senhor?

Os pais não encontram nas Escrituras qualquer fundamento para abusarem de sua autoridade para com os filhos. A disciplina dos pais nunca deve ser arbitrária, pois não é assim que Deus lida conosco. Em contrapartida, os filhos têm o dever de honrar seus pais, por mais difícil que seja, pois isso é justo diante do Senhor. Assim, em Cristo, filhos e pais encontram graça para cumprirem a vontade de Deus.

Dia 18

Texto: Efésios 6:5–9

Tema da perícope:

_____

⁵ Quanto a vós outros, servos, obedecei a vosso senhor segundo a carne com temor e tremor, na sinceridade do vosso coração, como a Cristo,

⁶ não servindo à vista, como para agradar a homens, mas como servos de Cristo, fazendo, de coração, a vontade de Deus;

⁷ servindo de boa vontade, como ao Senhor e não como a homens,

⁸ certos de que cada um, se fizer alguma coisa boa, receberá isso outra vez do Senhor, quer seja servo, quer livre.

⁹ E vós, senhores, de igual modo procedei para com eles, deixando as ameaças, sabendo que o Senhor, tanto deles como vosso, está nos céus e que para com ele não há acepção de pessoas.

GUIA DE ESTUDO

Entendendo o texto

1. Segundo o texto, qual deveria ser a postura dos servos?

_____
_____
_____
_____
_____
_____
_____

2. A palavra grega utilizada pelo apóstolo Paulo e traduzida como servos é *doulos*, que significa escravo. Se possível, pesquise qual era o contexto dos escravos no mundo greco-romano.

_____
_____
_____
_____
_____
_____

3. Ao se referir aos senhores, por que Paulo usa a expressão "segundo a carne"?

_____
_____
_____
_____
_____

4. O que significa servir "na sinceridade do vosso coração"?

_____
_____
_____
_____
_____

5. O que diferencia a obediência de um servo cristão a Cristo da obediência de um servo não cristão ao seu senhor segundo a carne?

_____
_____
_____
_____
_____

6. Qual é o problema de servir "para agradar a homens"?

7. De que forma o serviço a Cristo é uma motivação para que os servos sirvam de boa vontade aos seus senhores?

8. Todos trabalham por uma recompensa. De que maneira a perspectiva de que receberemos do Senhor uma recompensa é útil para tudo aquilo de bom que o cristão realiza aqui neste mundo?

9. De que modo os senhores cristãos deveriam proceder para com os seus servos? (Veja a carta de Paulo a Filemom, que era senhor de Onésimo, um escravo que em sua fuga conheceu o evangelho de Cristo.)

10. Embora aquela sociedade fizesse uma enorme distinção de valor entre escravos e senhores, segundo o apóstolo Paulo, o que escravos e senhores cristãos tinham em comum?

11. Por que Paulo menciona que para o Senhor não há acepção de pessoas?

_____
_____
_____
_____
_____

> Numa cultura em que os escravos não tinham qualquer valor e pertenciam aos seus senhores, Paulo lembra que:
>
> a) Tanto os senhores quanto seus servos eram, na realidade, servos de Cristo, e, portanto, deveriam se sujeitar a Ele igualmente.
> b) Deus não faz acepção de pessoas. Dessa forma, os servos deveriam ser tratados por seus senhores da mesma maneira que eles tratariam seus outros companheiros cristãos.

12. Em Gálatas 3:28, o apóstolo Paulo afirma que "não pode haver judeu nem grego; nem escravo nem liberto; nem homem nem mulher; porque todos vós sois um em Cristo Jesus". Em que sentido o princípio espiritual apresentado pelo apóstolo se encaixa com a relação entre servos e senhores que ele ordena em Efésios 6:5–9?

Colocando em prática

1. Paulo apresenta um elevado padrão de serviço, que não consiste em meramente cumprir o que deve ser feito, mas fazê-lo de coração. Vivemos na era da produtividade, em que se enfatiza demais a realização do maior número de tarefas no menor espaço de tempo possível. A ênfase do serviço cristão, entretanto, não é fazer muito, mas fazer com o foco certo. Ao servir, você está mais interessada em simplesmente cumprir tarefas ou em realizá-las para o Senhor com a disposição e a motivação certas?

2. Como você tem encarado o seu serviço? Você faz apenas para agradar aqueles para quem você está trabalhando ou para agradar ao Senhor?

_____
_____
_____
_____
_____
_____
_____

3. Fica evidente que, para o cristão, o trabalho não é algo meramente externo, mas está intimamente ligado ao coração. Ou seja, somos chamados a um padrão de trabalho muito mais elevado do que simplesmente cumprir tarefas externas. Como essa perspectiva bíblica acerca do trabalho leva você a refletir sobre a maneira como tem trabalhado?

_____
_____
_____
_____
_____
_____
_____
_____

4. De forma prática, como podemos servir "como ao Senhor e não a homens"?

5. Seja você uma profissional remunerada, dona de casa, autônoma, estagiária ou voluntária, em algum momento você não recebeu o devido reconhecimento pelo seu trabalho, e, certamente, ficou frustrada e desanimada. Mas de que maneira o versículo 8 encoraja você a servir com excelência, a despeito da falta de reconhecimento?

6. Você já se sentiu menosprezada ou inferior, mesmo no meio de outros cristãos, por sua condição social ou pelo trabalho que desempenha? Por quê?

___

7. Podemos facilmente enganar aqueles a quem servimos cumprindo uma tarefa, mas não podemos enganar a Deus. Ele não se impressiona com a mera execução do nosso trabalho. Ele está particularmente atento à condição do nosso coração ao fazê-lo. Ao executar uma tarefa, você atenta para a disposição do seu coração enquanto trabalha? De que maneira essa atenção é útil para que sirvamos da forma correta?

___

Em nossa cultura, as pessoas são valorizadas majoritariamente por seu *status* social e pelas funções que desempenham, mas Deus não nos vê assim. Nele, o nosso valor consiste, primeiramente, no fato de sermos *imago Dei* (criados à imagem de Deus) e por termos sido resgatados em Cristo. Logo, nosso valor nada tem a ver com os papéis que desempenhamos ou com nosso *status* social. Compreender isso nos liberta tanto para servir em qualquer área quanto buscar a todo custo alcançar determinado *status* social para, enfim, nos sentir valorizadas.

8. Como o tema "membros de um mesmo corpo" (Efésios 4:25) perpassa toda essa seção sobre novos relacionamentos em Cristo (Efésios 5:21–6:9)?

_____
_____
_____
_____
_____
_____
_____
_____

Dia 19

Texto: Efésios 6:10–20

Tema da perícope:

_____

¹⁰ Quanto ao mais, sede fortalecidos no Senhor e na força do seu poder.

¹¹ Revesti-vos de toda a armadura de Deus, para poderdes ficar firmes contra as ciladas do diabo;

¹² porque a nossa luta não é contra o sangue e a carne, e sim contra os principados e potestades, contra os dominadores deste mundo tenebroso, contra as forças espirituais do mal, nas regiões celestes.

¹³ Portanto, tomai toda a armadura de Deus, para que possais resistir no dia mau e, depois de terdes vencido tudo, permanecer inabaláveis.

¹⁴ Estai, pois, firmes, cingindo-vos com a verdade e vestindo-vos da couraça da justiça.

¹⁵ Calçai os pés com a preparação do evangelho da paz;

¹⁶ embraçando sempre o escudo da fé, com o qual podereis apagar todos os dardos inflamados do Maligno.

¹⁷ Tomai também o capacete da salvação e a espada do Espírito, que é a palavra de Deus;

¹⁸ com toda oração e súplica, orando em todo tempo no Espírito e para isto vigiando com toda perseverança e súplica por todos os santos

¹⁹ e também por mim; para que me seja dada, no abrir da minha boca, a palavra, para, com intrepidez, fazer conhecido o mistério do evangelho,

²⁰ pelo qual sou embaixador em cadeias, para que, em Cristo, eu seja ousado para falar, como me cumpre fazê-lo.

GUIA DE ESTUDO

Entendendo o texto

1. Por que Paulo inicia esta seção com a expressão "quanto ao mais"? O que essa expressão denota acerca do texto?

2. "Sede fortalecidos no Senhor e na *força do seu poder*." Em Efésios 1:19,20, Paulo usa as mesmas palavras gregas traduzidas como "força do seu poder" para se referir ao poder que ressuscitou Cristo dos mortos. Por que e de que forma esse "poder" é uma garantia de vitória para aqueles que estão em Cristo?

3. Por que os cristãos devem se fortalecer e se revestir?

_____
_____
_____
_____
_____
_____

4. O que significa a carne e o sangue nesse contexto?

_____
_____
_____
_____

5. Segundo os versículos 11 e 12, quais são os inimigos espirituais contra quem todo cristão está em guerra?

_____
_____
_____
_____
_____
_____

6. No versículo 12, Paulo menciona as "regiões celestes" como sendo um campo de batalha espiritual, mas em Efésios 1:3, ele também menciona as "regiões celestiais" afirmando que o Pai "nos tem abençoado com toda sorte de bênção espiritual nas regiões celestiais". De que forma você relaciona essas duas verdades?

_____
_____
_____
_____
_____
_____
_____
_____
_____

7. Segundo os versículos 10, 11 e 13, como os cristãos devem se preparar para a batalha e com qual finalidade?

a) _____
_____

b) _____
_____

para _____
_____

c) _____
_____

para _____
_____

e, _____

8. Qual é o propósito da armadura? Por que é importante que o cristão se revista de *toda* a armadura de Deus (versículo 11), e não apenas uma parte dela?

_____
_____
_____
_____
_____
_____
_____

Após afirmar que os cristãos devem se revestir de toda a armadura de Deus a fim de permanecerem firmes contra as ciladas do diabo (versículo 11), a seguir, Paulo detalha a estrutura da armadura, usando como exemplo a armadura de um soldado romano. Você já viu a imagem de um soldado romano? Observar o tipo de armadura que Paulo tinha em mente pode nos ajudar a compreender melhor o texto.

Joel Arfi (via Pixabay).

9. O que significa cingir-se com a verdade (versículo 14)?

10. A qual justiça Paulo se refere no versículo 14? Por que o cristão deve se vestir dessa justiça? (Veja Romanos 5:1–12)

11. As pesadas sandálias dos soldados romanos lhes concediam estabilidade. Por que Paulo diz que devemos calçar o evangelho da paz? De que forma esse evangelho fornece ao cristão estabilidade diante das batalhas?

12. "Um soldado romano de infantaria carregava um escudo comprido e retangular que cobria o seu corpo da cabeça aos pés. Ele era feito de madeira, coberto com pele e ferro na parte superior e na parte inferior. Quando mergulhado em água antes da batalha, ele podia apagar as flechas que haviam sido mergulhadas em piche, acesas e então atiradas."[1] Por que Paulo se refere à fé como um escudo para o cristão? De que forma, por meio da fé, podemos apagar os "dardos inflamados de satanás" — seus ataques, acusações e tentações?

___

"*Thyreon* é derivado de *thyra* (uma porta) e refere-se ao grande quadrilongo ou ao escudo protetor oval do soldado romano, mantido na frente dele para proteção. Ele consistia de duas camadas de madeira coladas juntas, cobertas com linho e couro e envolvidas com ferro. Os soldados frequentemente lutavam lado a lado, com uma parede (*testudo*) sólida de escudos. Mas, mesmo um combatente sozinho encontrava-se a si mesmo suficientemente protegido. Após o cerco de Dyrachium, Sceva contou não menos do que 220 dardos cravados em seu escudo. Para o cristão, este escudo protetor é a fé (*pistis*)."[2]

___

[1] Bíblia de Estudo de Genebra.
[2] GAEBELEIN, Frank E. (ed.). *The Expositor's Bible Commentary*. [S.l.]: Zondervan Publishing House, 1978. v. 11. (Tradução nossa).

13. Por que a certeza da salvação e a compreensão da nossa condição em Cristo é fundamental para que estejamos protegidas diante das batalhas espirituais? De que formas Satanás pode atingir aqueles que não estão revestidos com o capacete da salvação?

_____
_____
_____
_____
_____
_____

14. Paulo apresenta a Palavra de Deus como a única arma de ataque do arsenal dos cristãos. Sendo assim, de que forma podemos usar a Palavra para vencermos o Maligno? (Veja Mateus 4:1–11 e Lucas 4:1–13.)

_____
_____
_____
_____
_____
_____

15. Após mencionar os itens que compõem a armadura, Paulo menciona a oração como parte indispensável na batalha espiritual. Segundo o texto, de que forma o cristão deve orar?

Colocando em prática

Por que estamos em batalha?

Na epístola aos Colossenses (1:13,14), o apóstolo Paulo escreveu: "Ele nos libertou do império das trevas e nos transportou para o reino do Filho do seu amor, no qual temos a redenção e o perdão de pecados." Antes de Cristo nos alcançar, nós pertencíamos de corpo e alma ao império das trevas, estávamos sob o seu domínio, éramos escravos. Por meio do seu sangue, todavia, Deus nos libertou do império das trevas e nos transportou para o reino do Filho. Deixamos de ser súditos de Satanás. O inferno foi saqueado, fomos levados para o reino de Deus e nos tornamos inimigos do Diabo e de seus demônios. Agora, eles nos assediam com toda sorte de ataques, a fim de nos derrotar.

1. Em sua opinião, por que Paulo fez questão de mencionar que a nossa luta não é contra "o sangue e a carne"?

2. Enquanto cristãos, estamos em constante batalha espiritual, mas nem sempre nos damos conta disso. Às vezes, só percebemos quando sentimos na pele ou quando as circunstâncias ao nosso redor começam a se intensificar. Mas, mesmo quando não nos damos conta, o Senhor está batalhando por nós. Ao mesmo tempo, Ele ordena em sua Palavra que estejamos sempre prontos para a batalha, pois nele temos garantia de vitória. Qual batalha espiritual você tem travado hoje? Pode ser em relação a um pecado específico em seu coração, uma situação familiar, pensamentos e sentimentos, lembranças do passado que têm vindo à tona. Coloque isso diante de Deus, revista-se de toda a armadura de Deus e prepare-se para a batalha.

3. Ao nos revestirmos de toda a armadura de Deus, permanecemos inabaláveis, mesmo diante das lutas. Você tem lidado com as batalhas da forma correta?

_____
_____
_____
_____
_____
_____
_____
_____

4. Diante das lutas, muitas pessoas se apegam à sua própria justiça. Elas não admitem passar por lutas porque são "boas demais para isso". Você já pensou dessa forma? Por que a couraça que devemos vestir é a justiça de Cristo e não a nossa?

_____
_____
_____
_____
_____
_____
_____
_____

5. Você pode dar alguns exemplos de "dardos inflamados" que Satanás usa contra os filhos de Deus?

6. Conforme vimos, os escudos utilizados pelos soldados romanos eram compostos de duas camadas de madeira coladas juntas, cobertas com linho e couro e envolvidas com ferro, ou seja, eram altamente resistentes, inclusive ao fogo. Paulo apresenta a fé como um escudo capaz de resistir aos piores ataques. De que forma essa analogia é um consolo e encorajamento para nós?

7. A garantia final de que obteremos vitória em nossas batalhas é a certeza de que a nossa salvação está garantida em Cristo e aquele que começou boa obra em nós há de completá-la até o Dia de Cristo Jesus (Filipenses 1:6). Essa certeza deve guardar nossas mentes e corações. Você crê que a sua salvação está consumada em Cristo e que nenhum poder das trevas é capaz de arrancá-la de suas mãos?

8. Qual é a importância da oração em nossa batalha espiritual? O que ela é capaz de fazer por nós?

9. Mesmo sendo um homem escolhido e habilitado por Deus e um hábil pregador do Evangelho, Paulo pede e conta com as orações dos efésios para o avanço de seu ministério. O que essa atitude ensina a respeito da importância da oração entre os santos?

10. Paulo exorta os efésios a orarem por todos os santos. Você costuma interceder até mesmo por aqueles cristãos que não conhece — a Igreja de Cristo como um todo? Por que essa é uma prática importante?

_____
_____
_____
_____
_____
_____

11. Você tem o hábito de pedir a outros cristãos que orem por você? Você crê que Deus age em seu favor por meio da oração de outras pessoas? Você tem algum testemunho a respeito de como as orações de outros cristãos a seu favor a auxiliaram a passar por alguma situação?

_____
_____
_____
_____
_____

12. Faça uma lista de pessoas por quem você precisa orar. Se possível, pergunte a elas se possuem pedidos específicos para que você possa orar por elas e ore fielmente. Liste pelo menos cinco pessoas por quem você se compromete a orar nesta semana.[3]

1. _____
2. _____
3. _____
4. _____
5. _____

13. Você tem sido uma mulher de oração? De que forma você pode moldar a sua vida de oração para estar mais forte espiritualmente? Determine alguns passos para isso.

_____
_____
_____
_____
_____

14. Por que precisamos orar para que Deus nos capacite a comunicar o Evangelho?

---

[3] Se você estiver realizando este estudo em grupo, que tal fazer uma dinâmica de "Amiga de Oração"? Cada participante do grupo deve escrever o seu nome e alguns pedidos de oração em um papel. Depois é só sortear os nomes entre si e se comprometerem a orar umas pelas outras durante a semana. No próximo encontro, cada uma poderá revelar quem foi a sua "amiga de oração" e compartilhar como foi a experiência de orar umas pelas outras. Certamente, será uma experiência edificante e encorajadora para todo o grupo.

Você está lidando com alguma tentação? Ore e leia a Bíblia. Sente-se fraca, desanimada e desmotivada? Ore e leia a Bíblia. Sente-se preocupada ou com medo? Ore e leia a Bíblia. Apegue-se à Palavra de Cristo. Toda a armadura de Deus se baseia nessas duas práticas de devoção. Sem uma vida de oração e leitura bíblica, nos tornamos vulneráveis aos ataques de Satanás. A oração deve assegurar todas as demais partes de nossa armadura cristã.

Muitas pessoas usam a Bíblia como arma de ataque apenas proferindo determinadas passagens, como se fossem palavras mágicas. Mas, ao apresentar a Palavra de Deus como uma espada, Paulo está falando do poder que o conhecimento da verdade opera em nós e como isso nos capacita a refutarmos as acusações de Satanás, vencer as tentações e desmentir seus enganos.

15. Ao avaliar a sua vida, você percebe que tem crescido no conhecimento da Palavra? Comprometa-se a crescer no conhecimento da verdade. Releia a oração de Paulo em Efésios 1:17–23 e transcreva-a a seguir, fazendo dela a sua própria oração.

_____
_____
_____
_____
_____
_____
_____
_____
_____

> Embora nós estejamos em uma batalha cósmica contra o Diabo, Paulo afirma que temos sido abençoados com *toda* a sorte de bênção nas regiões celestiais, ou seja, temos a garantia de que Deus está nos concedendo também vitória sobre o inimigo de nossas almas. É por isso que devemos fazer uso das armas que Ele nos concede para que vençamos essa batalha em Cristo Jesus. Sem Ele nada podemos fazer, mas nele nossa vitória é garantida.

Dia 20

Texto: Efésios 6:21–24

Tema da perícope:

_____

²¹ E, para que saibais também a meu respeito e o que faço, de tudo vos informará Tíquico, o irmão amado e fiel ministro do Senhor.
²² Foi para isso que eu vo-lo enviei, para que saibais a nosso respeito, e ele console o vosso coração.
²³ Paz seja com os irmãos e amor com fé, da parte de Deus Pai e do Senhor Jesus Cristo.
²⁴ A graça seja com todos os que amam sinceramente a nosso Senhor Jesus Cristo.

GUIA DE ESTUDO

Entendendo o texto

1. Qual foi a intenção de Paulo ao enviar Tíquico a Éfeso?

_____
_____
_____
_____
_____

2. À luz de toda a mensagem de Paulo aos efésios, por que era importante para ele enviar um mensageiro que lhes informasse sobre sua condição e seu ministério?

_____
_____
_____
_____
_____

3. Quem era Tíquico? Pesquise outras passagens bíblicas onde seu nome é mencionado, bem como suas qualidades e sua função junto a Paulo.

4. O amor de Paulo pelos efésios é claramente expressado em seu zelo ao lhes prestar contas e prover consolo aos seus corações. De que forma nós, cristãos, podemos consolar e encorajar uns aos outros?

5. Qual é a bênção final com a qual Paulo conclui sua epístola aos efésios?

6. Em Efésios 1:2, Paulo saudou os efésios com a graça e a paz da parte de Deus Pai e do Senhor Jesus Cristo, e no encerramento, ele os abençoou desejando-lhes paz, amor e fé da parte de Deus Pai e do Senhor Jesus Cristo. Qual é a relação entre a saudação inicial, a bênção final e as palavras proferidas por Paulo em Efésios 1:3?

_____
_____
_____
_____
_____
_____
_____
_____
_____

Colocando em prática

1. Embora fosse apóstolo, Paulo não era independente em seu ministério. Ele estava sempre envolvido com as igrejas locais, não somente ensinando, mas prestando contas sobre seu procedimento e ministério. Por que é importante estarmos unidos a uma comunidade de cristãos? Qual é a importância de prestarmos contas uns aos outros no contexto de uma igreja local?

2. Tíquico é apresentado como um mensageiro das cartas de Paulo. Embora seu ministério, e até mesmo seu nome, não sejam conhecidos por muitos cristãos, seu trabalho nos bastidores foi fundamental para que as epístolas paulinas chegassem a seus destinatários e, por extensão, a nós. Em uma sociedade como a nossa, em que se valoriza tanto o "protagonismo", como a vida e o ministério de Tíquico encorajam você a servir?

3. Tíquico é um exemplo daquilo que Paulo falou em Efésios 4 acerca da diversidade de dons. Cada membro do Corpo de Cristo foi capacitado para servir de forma particular aos propósitos de Deus. Qual é o seu papel no Corpo de Cristo? Você tem valorizado e vivido de acordo com ele ou está mais preocupada em invejar o que outros estão fazendo pelo Reino? Pense nisso e peça que Deus a ajude a exercer o seu papel com alegria e fidelidade, para a sua infinita glória.

4. Você costuma proferir bênçãos espirituais sobre a vida de outros cristãos? Conhece alguém que o faça costumeiramente?

Infelizmente, nós, cristãos do século XXI, não temos muito o hábito de proferir bênçãos espirituais ao saudarmos ou nos despedirmos de outros cristãos, e quando o fazemos é de maneira automática. Saudar e nos despedir de nossos irmãos com as bênçãos espirituais que temos em Cristo Jesus é uma forma de:

- Lembrá-los dessas bênçãos obtidas em Cristo.
- Encorajá-los e fortalecê-los na fé e na esperança.
- Consolá-los por meio das bênçãos espirituais.

Vamos fazer disso uma prática em nossas vidas?

> Que a paz seja com você, querida irmã, e o amor com fé, da parte de Deus Pai e do Senhor Jesus Cristo. A graça seja com você que ama sinceramente o nosso Senhor Jesus Cristo. Amém!

Revisão

Como este estudo de Efésios a influenciou quanto a:

1. Seu entendimento a respeito da salvação?

_____
_____
_____
_____
_____

2. Seu entendimento a respeito da igreja?

_____
_____
_____
_____
_____

3. Seu entendimento a respeito da nova vida em Cristo?

_____
_____

4. Seu entendimento a respeito das relações familiares?

5. Seu entendimento a respeito das relações de trabalho?

6. Seu entendimento a respeito de batalha espiritual?

Considerações finais

Que alegria concluir esta jornada em Efésios com você. Espero de coração que este estudo tenha sido proveitoso, e que a partir dele você se sinta encorajada a continuar estudando outros livros da Bíblia através do Método de Estudo Bíblico Indutivo.

Espero que você esteja concluindo esse estudo:

- impactada e maravilhada com as bênçãos eternas da salvação proferidas por Paulo (capítulo 1).
- grata pelo resgate, reconciliação e união dos santos em Cristo Jesus (capítulo 2).
- encorajada pelo ministério de Paulo e sua oração em favor dos santos (capítulo 3).
- desafiada a uma vida de santidade e unidade espiritual (capítulo 4).
- disposta a testemunhar Cristo, amando, servindo e se sujeitando ao Senhor (capítulo 5).
- fortalecida para resistir às astutas ciladas do inimigo (capítulo 6).

Que este estudo produza frutos genuínos em sua vida para a glória de Cristo.

Que Deus a abençoe e a fortaleça na jornada!

Apêndice

Guia de Estudo Bíblico Indutivo

Introdução

O Estudo Bíblico Indutivo é um método que usa a Bíblia como fonte primária de estudo para aprender e interpretá-la. Ele é indutivo porque parte *de dentro para fora*. Mas qual é a importância de um Estudo Bíblico Indutivo? Este método é importante porque permite que a Bíblia fale por si mesma, nos levando a uma interpretação mais correta da Palavra. Por meio dele, nos tornamos aptas a descobrir o significado das Escrituras lidando diretamente com o próprio texto. Em vez de impormos nossas próprias opiniões e sentimentos sobre aquilo que estamos lendo, buscamos encontrar o que o autor quis dizer e deixamos que a Bíblia fale por si mesma, sem depender, primariamente, do entendimento ou interpretação de outros.

COMPONENTES BÁSICOS DO ESTUDO BÍBLICO INDUTIVO

O Estudo Indutivo é um método investigativo que usa três componentes básicos:

- Observação
- Interpretação
- Aplicação

Para ficar mais didático, gosto de ilustrar cada um desses passos da seguinte forma:

Observação
(olhos)

- Esse primeiro passo nos ensina a verificar o que a passagem diz exatamente e o que ela fornece.
- Aqui nos dedicamos a descobrir os fatos dentro do texto.
- A observação responde à seguinte pergunta: *"O que a passagem está dizendo?"*

Interpretação
(cérebro)

- Enquanto a observação nos dá a base para um entendimento correto do que a passagem está *dizendo*, a interpretação vai um passo adiante: ela nos ajuda a compreender o que aquilo *significa*.
- Portanto, nesse passo, procuramos entender *o significado dos fatos* do texto.

Aplicação
(coração)

- A base da aplicação é saber o que a Palavra de Deus diz sobre um assunto em particular, por meio da observação e interpretação corretas do texto.
- Depois de entender o que a Palavra ensina, então estamos obrigados, diante do Senhor, a *viver de acordo* com ela. Por isso, na aplicação refletimos sobre *como devemos agir* a partir das conclusões alcançadas por meio do texto bíblico.

Como fazer o Estudo Bíblico Indutivo

Antes de aplicar os três passos do Estudo Bíblico Indutivo, é fundamental que iniciemos com uma oração. A oração é o elemento essencial em qualquer estudo bíblico. Por mais que o Estudo Bíblico Indutivo seja um método eficaz, sem a obra do Espírito Santo, ele será somente isto: um método. Então, não negligencie a oração. Dito isso, vejamos como se desenvolvem as três etapas do Estudo Bíblico Indutivo.

❖ Observação: descobrindo o que o texto diz

◆ **Leia o texto repetidamente**

Como já dissemos, o Estudo Bíblico Indutivo é um método investigativo; para uma investigação eficaz, é fundamental que nos familiarizemos com o texto por meio de uma leitura repetida. Então, não tenha preguiça de ler e reler o texto até que ele comece a fazer mais sentido.

◆ **Faça as "perguntas investigativas" ao texto**

Ao estudar qualquer passagem da Escritura, acostume-se a fazer as seguintes perguntas:

- *Quem?* — Quem escreveu esse livro? A quem se destinou? Quem são as pessoas presentes no texto? O que sabemos sobre elas?
- *O que/Qual?* — O que está acontecendo no texto? Quais são os eventos? O que acontece com as personagens? Ou, se for uma passagem que está

discutindo algum tema, o que está sendo discutido? Quais são os argumentos? O que o autor está tentando comunicar?

- *Onde?* — Esta pergunta nos fornece o local. Onde a narrativa está acontecendo? Onde estão as pessoas na história? Onde está o autor do livro? Onde estavam os leitores originais?
- *Quando?* — Esta pergunta nos indica o tempo. Quando os eventos do texto aconteceram? Quando o autor estava escrevendo?
- *Por quê?* — Esta é uma pergunta que busca significado. Há uma infinidade de perguntas "Por quê?" a se fazer ao texto bíblico. Por que esse livro foi escrito? Por que isso (o que está sendo comunicado no texto) aconteceu? Por que o autor está dizendo isso? Por que eles estão em determinada circunstância?
- *Como?* — Como tal coisa aconteceu? Como tal personagem agiu? Como o escritor ou orador tenta persuadir os ouvintes da verdade? Como é descrito? Como as ações descritas se relacionam?

Se queremos que o texto fale por si, precisamos fazer-lhe as perguntas certas. Essas perguntas são os tijolos para a construção de uma boa observação.

◆ Marque as palavras e frases-chave

Uma palavra-chave é aquela que é essencial para ao texto. As palavras-chave são repetidas para que possam enfatizar o ponto de vista do autor ou o propósito de ele ter escrito o que escreveu. Perceba que as palavras-chave também podem se repetir por meio do uso de sinônimos.

Faça listas

Fazer listas pode tornar seu estudo bastante esclarecedor. As listas revelam verdades e enfatizam os conceitos importantes, além de sistematizar (organizar) o raciocínio do autor, facilitando a nossa compreensão. Em Efésios há várias listas que Paulo apresenta. Em Efésios 4:25–32, por exemplo, há uma lista de exortações à santidade que podem ser enumeradas.

Preste atenção aos contrastes e comparações

Contrastes e comparações usam uma linguagem altamente descritiva para facilitar a memorização do que você aprendeu. Por exemplo, em 1 Pedro 5:8, Pedro compara o diabo a um leão que ruge. Na mesma carta, o apóstolo contrasta a atitude de Deus com a dos orgulhosos e humildes.

Observe as expressões de tempo

A relação cronológica entre acontecimentos muitas vezes esclarece o verdadeiro significado do texto. Essa marcação ajudará a ver a sequência cronológica dos acontecimentos e resultará em uma interpretação mais precisa das Escrituras.

- **Preste atenção a localidades geográficas**

Muitas vezes é útil marcar localidades geográficas que mostram onde um acontecimento se deu.

- **Marque os termos de conclusão**

Palavras e expressões como "portanto", "assim" e "por este motivo" indicam que uma conclusão ou um resumo do que já foi dito está sendo feito. É bom sublinhar isso no texto.

- **Destaque os temas dos capítulos**

O tema ou a "grande ideia" de um capítulo gira em torno da principal pessoa, acontecimento, ensinamento ou assunto dessa parte das Escrituras. Temas normalmente são revelados quando se analisa as palavras-chave e listas que você criou. Tente expressar o tema o mais brevemente possível, usando palavras encontradas no texto.

Interpretação: descobrindo o que texto quer dizer

- **Leia a Bíblia como um livro que mostra Jesus**

Em João 5:39,40, Jesus afirmou que toda a Escritura aponta para Ele, e ao longo de seu ministério, Ele mostrou aos seus ouvintes como elas falavam, desde Moisés, a seu respeito. Isso significa que nós não podemos ler a Bíblia sem conectá-la à pessoa de Cristo. Ele é a linha que perpassa e une o Antigo Testamento e o Novo Testamento. Isso não quer dizer, obviamente, que em cada passagem da Bíblia encontraremos uma menção a ele, mas que cada passagem é um capítulo de uma metanarrativa: a história da redenção, cujo centro é Cristo.

◆ Conheça os gêneros literários da Bíblia

Um fator essencial a se observar é o gênero literário do texto estudado. Para cada gênero há uma postura interpretativa. A Bíblia é um livro extremamente rico em sua linguagem. Ela possui diversos estilos de escrita, autores e gêneros literários. Sendo assim, nossa interpretação de cada texto deve levar em consideração suas características literárias. Por exemplo: precisamos entender o gênero de parábolas, para que não as interpretemos de forma equivocada, em seu sentido literal; ao ler uma epístola, devemos considerar quem é o remetente e o destinatário, e observar as demais características presentes nesse gênero literário; se o texto for poético, devemos interpretá-lo segundo sua característica literária; e assim sucessivamente.

Alguns gêneros literários que podemos encontrar nas Escrituras são: narrativas, profecias, biografias, gênero apocalíptico etc.

◆ Conheça o contexto

A palavra "contexto" significa aquilo que vai com o texto. Se você observar e compreender corretamente o contexto da passagem, estará preparada para considerar cada versículo à luz dos versículos à sua volta, no livro no qual ele se encontra e em toda a Palavra de Deus. Ao estudar um texto bíblico, pergunte-se:

- Se a sua interpretação do texto em questão é consistente com o tema, o propósito e a estrutura do livro no qual se encontra.
- Se a sua interpretação é consistente com outras passagens bíblicas que falam sobre o mesmo assunto.
- Se você está considerando o contexto histórico-cultural.

Precisamos considerar o contexto no qual está inserido o texto para compreendermos o seu conteúdo. Em outras palavras, devemos sempre interpretar o texto à luz dos versículos que vêm antes e depois, considerando-o como parte de uma unidade, não um texto isolado. Qualquer passagem bíblica deve ser lida no contexto da sentença, do parágrafo, da unidade de discurso maior — o capítulo, por exemplo — e do livro no qual está inserido. Como diz a famosa frase, "texto tirado do contexto vira um pretexto".

Nunca tire a Escritura do seu contexto para que ela diga o que você quer que ela diga. Descubra o que o autor está dizendo e não adicione nada ao seu significado.

✦ **Busque sempre todo o conselho da Palavra de Deus**
Quando você conhece a Palavra de Deus minuciosamente, não aceitará um ensino ou interpretação

simplesmente com base em um ou dois versículos isolados. Ao ler a Bíblia com maior intensidade, você estará apta para discernir se determinado ensino ou interpretação é bíblico ou não. Busque todo o conselho da Palavra de Deus e ele será a sua proteção contra doutrinas e interpretações equivocadas.

✦ A Bíblia interpreta a si mesma

O melhor comentário sobre a Bíblia é a própria Bíblia. Antes de procurar ajuda "de fora", procure respostas dentro da própria Escritura, ponderando cada ensino com o restante da Palavra.

A Escritura foi inspirada por Deus. Portanto, ela nunca contradirá a si mesma. No entanto, muitas vezes, teremos dificuldade de reconciliar duas verdades aparentemente contraditórias ensinadas na Bíblia. Embora algumas verdades sejam difíceis de conciliar, isso não se deve à contradição entre os textos, mas à nossa própria limitação de compreendê-los da maneira correta. Diante disso, devemos simplesmente nos humilhar em fé, crentes na verdade que Deus diz, mesmo que não possamos compreendê-la completamente ou reconciliá-la no momento.

✦ Respeite o sentido do texto

Devemos sempre buscar o significado natural do texto, procurando entender as palavras conforme foram escritas. Deus falou conosco para que conhecêssemos a verdade. Assim, é importante que tomemos a Palavra de Deus em seu valor autêntico, isto é, em seu sentido natural e normal.

Sempre tente entender o que o autor tinha em mente quando for interpretar uma porção da Bíblia. Não distorça os versículos para apoiar um significado que não é claramente ensinado.

É importante não atribuir a um texto um significado espiritual quando não há indicação disso. De modo geral, a Bíblia deve ser interpretada em seu sentido literal, a menos que as evidências demonstrem que ele é figurado, como em Gálatas 4:21–31. Uma interpretação equivocada gera uma aplicação igualmente equivocada.

✦ Textos claros iluminam textos escuros

Os textos menos claros das Escrituras devem ser sempre interpretados à luz daqueles que são mais claros em seu significado. Isso significa que sempre que encontramos um texto de difícil interpretação, ou que parece contrário a algum princípio geral das Escrituras, devemos procurar outros textos, ou conjunto de textos, que tratam do mesmo assunto de maneira mais clara e tirarmos nossas conclusões com base na "verdade mais clara". A verdade mais clara é sempre preferível aos posicionamentos nebulosos, e textos obscuros não devem ser usados como base para estabelecer uma doutrina.

Além disso, devemos deixar que as grandes verdades das Escrituras acerca de quem Deus é iluminem todo o nosso entendimento: Deus é amor, Deus é bom,

Deus é santo. Ainda que não venhamos a compreender tudo, o que quer que a Escritura apresente, nunca será contrário às grandes verdades sobre o caráter de Deus. Dessa forma, devemos estudar a Palavra com humildade, lembrando que "as coisas encobertas pertencem ao Senhor nosso Deus, porém as reveladas nos pertencem a nós [...] para que cumpramos todas as palavras desta lei" (Deuteronômio 29:29).

✦ Compare versões diferentes

No processo de interpretação é importante que comparemos versões diferentes, principalmente se não compreendermos muito bem determinada versão. As versões apresentam nuances entre si, e, ao compará-las, podemos ter uma compreensão mais ampla do texto.

Você não precisa se preocupar em comprar várias versões bíblicas. Hoje, com os aplicativos da Bíblia, é possível ter várias versões na palma da mão.

Duas versões que não recomendo para o estudo bíblico são "A Mensagem", por se tratar de uma paráfrase do texto bíblico, e a "Nova Tradução na Linguagem de Hoje", por ter uma linguagem muito contemporânea, que, a meu ver, acaba comprometendo, muitas vezes, o texto bíblico.

✦ Fuja dos "achismos"

A interpretação bíblica é um estudo e, como tal, requer compromisso com os fatos e o uso consciente de nossas capacidades mentais. Nesse processo, devemos fugir dos "achismos". Nossa opinião não deve prevalecer sobre o texto. Devemos ir à Bíblia deixando de lado nossos conceitos previamente concebidos, tendo a mente e o coração dispostos a aprender o que quer que Deus deseje nos ensinar por meio dela.

Fuja de "novas revelações"

Quando falamos de interpretação das Escrituras, precisamos ter em mente que o Espírito Santo não concede nova revelação, e sim iluminação. Não há nova verdade a ser acrescentada sobre o texto bíblico. Podemos perceber novos aspectos da verdade que são relevantes para a nossa situação atual, mas a verdade é apenas uma. As aplicações dessa verdade é que são diversas.

Se sua interpretação da Bíblia foge daquilo que a Igreja cristã tem defendido ao longo da História, você precisa humildemente reconhecer que está *errada* e pedir a ajuda de Deus — e de seus líderes, se necessário — para compreender a Palavra da forma correta. Como explica Gordon D. Fee e Douglas Stuart, "o alvo da boa interpretação não é a originalidade, não se procura descobrir aquilo que ninguém jamais viu". Ou seja, não existem novas revelações e devemos, portanto, fugir delas.

Aplicação: colocando em prática

Como já vimos, o passo da aplicação responde às seguintes perguntas: "Como o significado desse texto se aplica à minha vida?" e "Como esse texto me ensina a glorificar melhor a Deus?"

Antes da aplicação, precisamos saber o que a Palavra de Deus diz. Fazemos isso por meio da observação e da interpretação corretas do texto. Depois de entender o que a Escritura ensina, temos o dever de acolher essa verdade e aplicá-la em nossas vidas, sendo transformadas por ela, a fim de nos conformarmos à imagem de Cristo. Todo o processo de observação e interpretação da Bíblia deve nos conduzir à aplicação das verdades bíblicas em nossa vida diária. Observar e interpretar a Palavra sem aplicá-la é desprezar o seu propósito. Conhecimento sem devoção não traz edificação.

> Porque, se alguém é ouvinte da palavra e não praticante, assemelha-se ao homem que contempla, num espelho, o seu rosto natural; pois a si mesmo se contempla, e se retira, e para logo se esquece de como era a sua aparência. Mas aquele que considera, atentamente, na lei perfeita, lei da liberdade, e nela persevera, não sendo ouvinte negligente, mas operoso praticante, esse será bem-aventurado no que realizar. (Tiago 1:23–25)

Ao fazer a aplicação, considere os seguintes elementos presentes no texto:

- Exemplos a seguir
- Pecados a renunciar

- Erros a evitar
- Promessas para crer
- Mandamentos a obedecer
- Ações a tomar

✦ Os três elementos da aplicação

Uma interpretação correta do texto deve resultar numa boa aplicação, e uma boa aplicação geralmente envolve três elementos: repreensão, correção e encorajamento.

A *repreensão* expõe as áreas do seu pensamento e comportamento que não se alinham com a Palavra de Deus. Repreensão é descobrir o que você pensou errado ou o que não está fazendo que Deus diz que é certo fazer. A aplicação da repreensão é aceitá-la e concordar com Deus, reconhecendo onde você errou em pensamento e comportamento.

A *correção* normalmente é o passo mais difícil da aplicação. Por vezes, a correção vem simplesmente ao confessar e abandonar o que está errado. Em outras ocasiões, Deus mostra atitudes bem definidas a serem tomadas.

O *encorajamento* geralmente está relacionado às promessas de Deus e sua obra no mundo e em favor do seu povo. Ele confirma que você pertence a Deus e é um chamado à perseverança.

Concluindo, a Palavra de Deus deve nos deformar para nos transformar à imagem de Cristo.

Bibliografia

ARTHUR, Kay. *Como andar de acordo com o que você fala?* Valinhos: Ministério Preceito Internacional, 2003.

ESTUDO Bíblico Indutivo. Projeto do Coração, out. 2019. Disponível em: https://bit.ly/3L1oqqW. Acesso em: 7 mar. 2023.

MÉTODO Indutivo — Estudo Bíblico Indutivo. Ministério Preceito Internacional, [s.d.]. Disponível em: https://bit.ly/3FltCwL. Acesso em: 7 mar. 2023.

PLUMER, Robert L. *40 questões para se interpretar a Bíblia*. São José dos Campos: Fiel, 2017.

STOTT, John. *Lendo Efésios com John Stott*. Viçosa: Ultimato, 2019.

ZUCK, Roy B. *A Interpretação Bíblica: meios de descobrir a verdade da Bíblia*. São Paulo: Vida Nova, 1994.

Todos os textos bíblicos foram retirados da Almeida Revista e Atualizada (ARA).